1789

LA RÉVOLUTION RACONTÉE AUX ENFANTS

RAOUL DUBOIS

1789
LA RÉVOLUTION RACONTÉE AUX ENFANTS

ENFANCE HEUREUSE

Imprimé en France Printed in France

ISBN 2-7082-2533-2

AUX LECTEURS

Citoyenne, Citoyen lecteur, Salut !

Voilà des années et des années que tu me demandes ;

"Raconte-moi l'histoire de la Révolution oui, avec un grand R, comme dans la bouche de beaucoup de Français.

L'historien, lui, dit, *"La Révolution française"* ; c'est sa façon de faire remarquer, au passage, qu'il y en a eu d'autres.

C'est vrai.

Les choses ne changent pas toutes seules. Il faut bien, de temps en temps, donner un coup de pouce à la pendule, un coup de main à l'histoire, un coup de pied au derrière des tyrans.

Mais, celle de 1789, c'est la "nôtre", la "grande" et depuis deux siècles, elle commande un peu notre histoire. Bien sûr, je te tutoie, comme un vrai sans-culotte.

Tu as l'habitude, tu l'as aussi héritée de la Révolution et comme l'écrivait Jacques Prévert ; *"Tu dis tu à tous ceux que tu aimes, même si tu ne les connais pas."*

Il y a encore des gens que ça ennuie. C'est leur droit et on ne les oblige pas à faire la Révolution. Mais nous nous connaissons bien. Depuis des années nous nous fréquentons, "de la maternelle à l'université" comme disent les parents et les professeurs. Souviens-toi de nos jeux dans les rues, de nos balades dans la nature, de nos batailles de boules de neige...

Alors, nous allons parcourir la Révolution, ensemble.

Révolte ou Révolution ?

Louis XVI est à Versailles, on lui apprend la prise de la Bastille, il dit : « *Mais c'est donc une révolte !* » On lui répond : « *Non Sire, c'est une Révolution.* »

Vrai ou faux ? Faux sans doute puisqu'on sait que sur son journal Louis XVI a écrit à la date du 14 juillet 1789 : « *Rien...* »

Mais entre la « *révolte* » et la « *Révolution* », il y a plus qu'un changement de mot.

Dans sa longue histoire, le royaume de France avait connu bien des révoltes. Souvent les paysans s'étaient révoltés, et peu de temps avant le règne de Louis XVI les arbres des routes de Bretagne avaient plié du poids des pendus. On avait connu des tumultes dans les villes, des émeutes de la faim et du désespoir, et des persécutions religieuses (albigeois, huguenots, camisards). Leur souvenir s'éteignait peu à peu, survivant dans les légendes des veillées et sans doute au plus profond des cœurs.

Cette année 1789 allait cependant entrer dans l'histoire de notre pays et dans celle de l'humanité comme une date exceptionnelle.

Depuis deux siècles, quand des hommes, n'importe où dans le monde, croient au bonheur possible, à la liberté nécessaire, « 1789 » sert de drapeau. Symbole de ralliement, encore aujourd'hui, pour tous ceux qui veulent changer le monde vers plus de justice et de bien-être.

Mais oui, nous savons bien, les temps ont changé. Le télégraphe de Chappe n'annonce plus les nouvelles. Les artisans du Faubourg-Saint-Antoine ne défient plus la Bastille. L'homme a commencé à conquérir l'espace et il a marché sur la Lune après avoir fait plusieurs révolutions (tiens encore ce mot...) autour de la terre.

Et pourtant il s'est passé quelque chose en 1789 qui n'a pas fini d'étonner le monde.

Si on allait un peu voir de près cette grande aventure ?

Des événements à vitesse accélérée

Le Royaume de France en 1789

Le territoire

Il est moins étendu que celui de la France actuelle : il lui manque quelques régions (la Savoie, le comté de Nice, la région d'Avignon, des territoires au Nord et à l'Est).

Peu à peu rassemblées autour de la couronne, les « provinces » sont rattachées au roi de façon différente par le jeu des traités, certaines comme la Bretagne, le Languedoc, la Provence se sentent peu « françaises » ; les langues se maintiennent. Les coutumes, les unités de mesure, le droit changent de province à province.

Le roi et sa famille

En 1788, Louis XVI a trente-quatre ans, il règne depuis l'âge de vingt ans, il vit à Versailles comme son ancêtre Louis XIV, entouré de sa famille et de ses courtisans.

Sa femme, Marie-Antoinette d'Autriche, a trente-trois ans ; elle a un frère, l'Empereur Joseph II, qui règne sur le Saint-Empire-romain-germanique (Autriche et états d'Allemagne), sur la Bohême et la Hongrie. On l'appelle déjà « l'Autrichienne » *pour marquer son origine et ses sympathies étrangères.*

Le peuple lui reproche ses fêtes, ses amis, son influence sur le roi. Plusieurs scandales, comme « l'Affaire du collier » (une escroquerie à propos d'un bijou où l'on retrouve le cardinal de Rohan et l'entourage direct de la reine) ajoutent encore à son impopularité.

Les « Français »

Certainement, ils n'auraient pas aimé ce nom. Ils se voulaient de leur terroir : Bretons ou Provençaux, Picards ou Comtois, Gascons ou Lorrains.

On pense qu'ils étaient 28 millions.

Parmi eux, les nobles et le clergé : 500 000 personnes environ, soit 2 % de la population au plus.

Le reste constitue le tiers état (le tiers c'est-à-dire le troisième*).*

Il n'y a plus que quelques serfs en Franche-Comté.

L'économie

La France est un pays rural, agricole.

Les nobles et le clergé possèdent les deux tiers des terres et dans beaucoup de cas les meilleures. Ils ne paient aucun impôt malgré leur richesse et profitent des largesses du roi.

Dans les villes, les artisans travaillent, enfermés dans les corporations et leurs règlements très stricts.

Les bourgeois dirigent le commerce, en particulier le commerce maritime (la traite des esclaves a enrichi les bourgeois de Bordeaux et de Nantes par exemple).

Les premières manufactures commencent à recruter de la main-d'œuvre : hommes, mais aussi femmes et enfants.

La richesse qui a toujours été la possession de la terre semble changer de couleur : la finance, le commerce et l'industrie prennent de l'importance.

Le gouvernement

Le roi a tous les pouvoirs.

Sacré à Reims, il tient sa couronne de Dieu, ses sujets ne peuvent avoir d'autre religion que la sienne, leur vie est entre ses mains. Mais les protestants sont tolérés.

Il s'entoure de ministres qu'il nomme et renvoie sans aucun contrôle.

Il peut convoquer une assemblée des notables, mais rien ne l'oblige à suivre ses avis.

Les « parlements », *à Paris ou dans les provinces, transmettent ses ordres et tentent peu de les discuter.*

Les « assemblées provinciales » *prévues par les traités dans certaines provinces n'ont aucun pouvoir.*

Même si, parfois, le pouvoir royal doit tenir compte de l'avis ou des idées de ses sujets, en général, du haut en bas de l'échelle on se tait et on paie de lourds impôts quand on n'appartient ni à la noblesse ni au clergé.

Les finances

Pour entretenir l'armée, très lourde avec plus de 200 000 hommes, la marine, la maison royale, et la noblesse qui dépense sans compter et n'a d'autres ressources que les revenus de ses terres et les pensions du roi, il faut beaucoup d'argent.

Les riches nobles étant dispensés de l'impôt, les pauvres paient de lourds impôts royaux.

Par ailleurs, le clergé réclame sa part, la dîme, destinée à l'entretien des ecclésiastiques et des œuvres d'assistance (écoles, hospices, etc.).

Les propriétaires des terres reçoivent une bonne part des produits de la culture et de l'élevage.

Aux impôts, s'ajoutent les taxes sur le sel, le tabac, vendus très au-dessus de leur valeur.

Comme le roi n'a pas de « percepteurs », il vend à des financiers (les « fermiers généraux ») le droit de percevoir les impôts. Il ne reçoit qu'une faible partie de l'argent (le reste étant retenu par ces financiers) et les pauvres paient encore plus cher.

Cette concession aux intérêts privés d'un service de l'État (on dirait aujourd'hui « privatisation ») laisse aux financiers, « les fermiers généraux », *un bénéfice énorme. Les banquiers prêtent au roi qui leur laisse toute liberté au détriment de la population.*

Si on ajoute les péages sur les routes, les ponts, les droits à l'entrée dans les villes, les droits des corporations, on peut dire que l'impôt n'est vraiment pas une invention nouvelle.

Jusqu'au jour où le luxe de la cour et des grands seigneurs devient insupportable à ceux qui peinent très dur.

Pourquoi ?

Ce pays n'est pas pauvre, ses artisans, ses paysans, produisent des richesses, il devrait y avoir à manger pour tous, on a envie de créer, d'inventer, de vivre heureux.

> *Il faut changer cette vie, créer autre chose, inventer une nouvelle société.*

Non, ça ne peut plus durer !

C'est un peu ce que tout le monde pense en 1788.

C'est vrai, la France va mal et les gouvernements n'arrivent pas à trouver l'argent nécessaire à la vie de l'État.

Après les éclats du règne de Louis XIV il faut supporter les conséquences des guerres ruineuses et, surtout, comprendre les changements dans les techniques qui bouleversent tout le XVIIIe siècle.

L'Encyclopédie que Diderot anime rassemble de nombreux savants de l'époque. Elle fait comprendre aux gens instruits, peu nombreux il est vrai, surtout des bourgeois riches, combien la vieille organisation de la production et du commerce ne répond plus aux besoins des hommes.

D'ailleurs des « philosophes », c'est-à-dire des gens qui réfléchissent sur les hommes, leur manière de vivre individuellement et en société, ont déjà dénoncé les abus.

Jean-Jacques Rousseau publie *L'Émile* en 1762. Il y parle beaucoup de la façon d'éduquer les jeunes, mais il dit aussi ce qu'il pense de l'organisation de la société :

> « Vous vous fiez à l'ordre actuel de la société sans songer que cet ordre est sujet à des révolutions inévitables (...) le grand devient petit, le riche devient pauvre, le monarque devient sujet (...) Nous approchons de l'état de crise et du siècle des révolutions. »

Que se passe-t-il ? *L'Émile* est condamné par le parlement (sorte de tribunal au service du roi mais parfois en conflit avec lui) et brûlé...

Mais on brûle plus facilement les livres que les idées ! Rousseau et Voltaire ne s'entendaient pas, mais Voltaire écrit de son côté :

> « Tout ce que je vois jette les semences d'une révolution qui arrivera immanquablement et dont je n'aurai pas le plaisir d'être le témoin. Les jeunes sont heureux : ils verront de belles choses... »

C'est vrai que ni Voltaire ni Rousseau, morts tous les deux en 1778, ne verront la Révolution, mais les « jeunes » dont parle Voltaire ne les oublieront pas et c'est dans leurs idées qu'ils puiseront largement pour faire de « belles choses ».

En passant, si on te dit que le mot *révolution* a été inventé en 1789 un certain jour de 14 juillet, dis bien qu'il existait déjà dans les têtes et dans les cœurs.

Il ne suffisait plus de protester ou même de se révolter en une émeute plus ou moins vite écrasée, il fallait changer le monde.

A vrai dire, on avait aussi un exemple, même s'il venait de loin, d'une de ces contrées à l'Ouest du vieux monde.

En 1776, les 13 colonies anglaises d'Amérique du Nord se révoltent et deviennent les États-Unis. La France va aider les jeunes États-Unis à vaincre l'Angleterre, leur fournit armes et équipement ; mais de jeunes nobles comme La Fayette ou Rochambeau, de jeunes bourgeois, beaucoup de gens en France, souhaitent la victoire des révoltés. En outre, on n'est pas fâché de jouer un mauvais tour aux Anglais, nos « ennemis héréditaires » de l'époque.

Ainsi, aux côtés des combattants des colonies révoltées, de jeunes Français vont combattre une vieille monarchie et aider à construire une jeune république. Des hommes comme Beaumarchais, l'auteur du *Mariage de Figaro*, organisent l'envoi d'armes aux insurgés américains, tandis que le représentant des révoltés, Benjamin Franklin, le savant, se fait acclamer à Paris.

En 1787, la constitution des États-Unis et sa déclaration des droits semblent bien rédigées grâce aux écrits des « philosophes ». Quel enthousiasme !

La « révolution » de Rousseau et de Voltaire c'est possible, ce n'est plus un rêve... On tâchera de faire mieux, de l'adapter à la France, en attendant le monde entier...

Voilà ce qu'ils pensent, ces « jeunes » dont parle Voltaire.

L'Encyclopédie

L'Encyclopédie *se présente comme une collection de livres sur tous les sujets pouvant intéresser les hommes du* XVIII*e* *siècle. C'est une sorte de photographie des idées et des techniques, mais aussi des recherches dans tous les domaines de la science.*

Elle réunit la collaboration de tous les savants, de tous les philosophes, de tous les spécialistes et techniciens de l'époque.

L'entreprise s'étend sur plus de vingt ans de 1751 à 1772.

Déclaration d'indépendance américaine

(Préambule)

Nous regardons comme indiscutables et évidentes par elles-mêmes les vérités suivantes : que tous les hommes ont été créés égaux ; qu'ils ont été doués par le Créateur de certains droits inaliénables ; que parmi ces droits on doit placer la vie, la liberté et la recherche du bonheur ; que, pour s'assurer la jouissance de ces droits, les hommes ont établi parmi eux des gouvernements dont la juste autorité émane du consentement des gouvernés ; que, toutes les fois qu'une forme de gouvernement quelconque devient destructive de ces fins pour lesquelles elle a été établie, le peuple a le droit de la changer ou de l'abolir et d'instituer un nouveau gouvernement, en établissant ses fondements sur les principes et en organisant son pouvoir dans les formes qui lui paraîtront les plus propres à lui procurer la sûreté et le bonheur. Lorsqu'une longue suite d'abus et d'usurpations, tendant invariablement au même but, montre évidemment le dessein de réduire un peuple sous le joug d'un despotisme absolu, il a le droit et il est de son devoir de renverser un pareil gouvernement et de pourvoir par de nouvelles mesures à sa sûreté pour l'avenir (...).

Que tout le monde parle !

Un dimanche de 1789, dans toutes les paroisses de France, les curés montent en chaire et, comme à chaque événement important dans le royaume, donnent lecture d'un message du roi.

Ce n'est ni l'annonce d'une victoire militaire ni d'un malheur général.

> « Sa Majesté désire que des extrémités de son royaume et des habitations les moins connues, chacun fût assuré de faire parvenir jusqu'à elle ses vœux et ses réclamations. »

Après les premières hésitations, il faut expliquer aux fidèles qu'ils sont vraiment tous concernés.

Nicolas, Yannick, Guillaume ou Pierre ont bien du mal à y croire.

La grande consultation s'organise, non sans crainte, car les vieilles peurs subsistent. Peu à peu, les bouches s'ouvrent, on parle, on essaie de dire ce que l'on ressent. Quelqu'un écrit, et sans doute ce sont souvent ses idées qu'il transcrit sur le papier en même temps que les pauvres mots rudes ou timides des plus pauvres.

C'est de là que sont nés les « *Cahiers de doléances* », un des monuments de notre histoire nationale. Car chaque paroisse écrit sur un « cahier » ce qui tient à cœur à chacun de ses habitants. Enfouis dans les archives de nos départements actuels dorment ces cahiers, leurs feuillets jaunis par le temps.

C'est là que bat le cœur de la France de 1789.

C'est là que commence vraiment la Révolution.

Cahier d'Assenoncourt
Bailliage de Dieuze (87 feux)
(extraits)

Article premier :

Il est essentiel et du bon ordre de ne proroger ni établir aucun impôt que du consentement de la nation.

Article 2 :

Que chaque province soit chargée elle-même de l'administration ci-devant confiée aux intendants.

Article 13 :

Il est à désirer qu'à l'avenir on ne puisse arrêter ni emprisonner personne qu'en vertu d'un décret du juge, ou qu'avec obligation de remettre dans les vingt-quatre heures entre les mains des juges la personne arrêtée.

Article 15 :

Que les revenus des abbayes et des prieurés en commende (1) *tournent au profit de l'État, à la décharge des citoyens, au moins jusqu'à extinction de leurs dettes.*

(1) Revenus d'une abbaye donnés par le pape à un prêtre ou à un non-prêtre.

Ils ont été rédigés pendant les réunions qui devaient élire les députés aux États généraux (voir p. 25)

Que se passait-il réellement dans la tête de ces gens réunis là pour trouver une solution, pour essayer de faire changer les choses ?

Tout d'abord le roi n'est pas attaqué. Il est toujours le symbole du royaume, on le respecte, on reporte sur son entourage familial ou sur ses conseillers les erreurs commises « *Ah ! Si notre roi savait !* » Et cela explique sans doute pourquoi les « *Cahiers de doléances* » ont été si largement remplis.

Il fallait dire au roi tout ce qui n'allait pas en France. Quand il le saurait, il serait facile à tous les hommes envoyés porter les Cahiers de voir, avec lui, les grandes réformes à faire.

Ce que demandaient les cahiers

— La suppression du pouvoir absolu remplacé par une « *Constitution* ».

— Cette constitution devait :

— limiter les droits des représentants du roi ;

— créer une assemblée qui voterait l'impôt et établirait les lois.

— La *liberté* de parler, de penser et d'écrire.

— L'*égalité* n'est pas acceptée par tous :

Noblesse et clergé veulent bien l'égalité devant l'impôt dans certains cahiers, mais l'égalité des droits rencontre bien des difficultés. La noblesse tient en effet à ses privilèges dans les grades et les emplois. Et cependant le second mot clé révolutionnaire reste bien ÉGALITÉ.

— Les cahiers parlent d'économie et d'industrie. Beaucoup demandent la suppression des corporations. La plupart souhaitent la « liberté du commerce » et refusent les droits de douane, les traités de commerce. Là aussi le maître mot est LIBERTÉ.

— Les cahiers parlent peu des difficultés particulières aux paysans.

— Les ouvriers sont trop peu nombreux ou trop prisonniers des corporations pour que leur avis apparaisse.

Mais les « cahiers » c'est aussi une sorte de fête

Pour la première fois, les gens se réunissaient non pas pour une affaire de la paroisse ou du bailliage, pas pour entendre les ordres qu'on voulait leur donner, mais pour dire comment ils voyaient le gouvernement du royaume de France.

Et ces gens qui parlaient des langues différentes, vivaient de façons différentes, ont commencé à sentir qu'ils n'étaient pas seulement les sujets d'un roi, mais les habitants d'une même terre, ils devenaient peu à peu conscients que quelque chose changeait, ou du moins pouvait changer.

Ils devenaient peu à peu et sans bien s'en rendre compte, sans employer le mot, des CITOYENS.

L'ouverture des États généraux

Le lundi 4 mai 1789 une « *procession générale des députés des trois ordres* » défile dans Versailles.

Nous avons un rapport précis de cet événement, grâce aux *mémoires du marquis de Ferrière,* député de la noblesse du Poitou.

La procession solennelle

> « Les députés des trois ordres, un cierge à la main, deux à deux. Le tiers état vêtu de noir, manteau de soie, cravate de batiste ; la noblesse en habit de soie noire, veste de drap d'or, manteau de soie, parement de drap d'or, chapeau de plumes retroussé à la Henri IV ; le clergé en soutane et bonnet carré défilèrent devant lui (le roi), firent une révérence, et, se tournant du côté de la reine, en firent une seconde. »

Voilà ce qu'il écrit à sa femme restée en Poitou, encore tout vibrant d'une émotion qui va lui faire écrire un peu plus loin :

> « J'ignorais jusqu'où peut s'étendre le lien mutuel qui nous unit au sol, à des hommes qui sont nos frères ; je l'appris dans cet instant. »

Le marquis de Ferrière découvrait la France avec des milliers de ses concitoyens.

La séance d'ouverture

Après un tel événement, la séance d'ouverture des États généraux lui paraît ensuite un peu terne. Écoutons-le :

> « Le 5 se fit l'ouverture des états dans la salle des menus. L'assemblée était vraiment imposante, et digne d'un puissant empire ; la salle décorée avec noblesse quoique avec simplicité. Le roi dans tout l'appareil de la majesté, assis sur son trône d'or, la reine à ses côtés ; aux gradins plus bas, monsieur, monsieur le comte d'Artois, les princes, les ministres, les grands officiers de la couronne, les chevaliers des ordres, le garde des sceaux, les porte-masses, les grands-maîtres des cérémonies, conseillers d'État, maîtres des requêtes ; deux rangs de loges pratiquées dans le pourtour remplies des ambassadeurs étrangers, de ce qu'il y avait de plus distingué dans les deux sexes à Paris et à Versailles ; le clergé, la noblesse, le tiers état en habit de cérémonie, étaient sur des banquettes placées dans l'intérieur de la salle. »

Le décor étant planté, le marquis reprend son sens critique et parle des discours :

> « Le roi prononça un discours noble et sage. Le garde des Sceaux parla ensuite ; personne n'entendit un mot de ce qu'il dit. Necker exposa l'état actuel des finances ; son discours dura trois heures ; je le trouvais médiocre, et fort au-dessous de ce qu'on avait droit d'entendre d'un homme qui jouit d'une si grande réputation. »

Derrière les cérémonies ou le décor essayons de comprendre.

Nous sommes ici par la volonté du peuple

Ce n'était pas simple de réunir les États généraux et le roi n'avait pas l'intention de se lancer dans les grandes réformes demandées.

Les députés du tiers état et des curés, nombreux dans les députés du clergé, avaient bien l'intention de faire à Versailles ce qu'ils étaient venus y faire : changer les méthodes de gouvernement, donner à la France un autre style.

Inutile de dire que ce n'était pas le cas des grands seigneurs ni des dignitaires du clergé. Certes, ils voulaient aussi un changement, mais sans abandonner l'essentiel de leurs privilèges. Ils voulaient bien partager une part du pouvoir avec le roi et quelques grands bourgeois, mais pas avec le menu peuple.

Rassemblés à Versailles, logés souvent dans de mauvaises conditions, proches du palais, des chasses du roi, des fêtes des grands seigneurs, les députés du tiers état voyaient de près les dépenses qui ruinaient les finances. Ils supportaient mal d'être traités avec un certain mépris par le roi et la cour, habillés de façon différente des autres députés.

Vote par « ordre », vote par « tête » ?

La grande question était celle des votes.

Voterait-on par ordre, c'est-à-dire en trois groupes séparés, ou par tête, c'est-à-dire en comptant chaque député comme égal à un autre ?

Ce n'était pas un jeu mathématique, ni une lubie ni une question de prestige. Regarde les chiffres. Si on votait par ordre, le tiers n'aurait qu'une voix. Même si tous ses députés étaient du même avis, les deux autres ordres

Composition des États généraux

270 députés de la noblesse
291 députés du clergé
578 députés du tiers état

pourraient ainsi empêcher que l'on touche à leurs privilèges. Rien n'était changé et les États généraux ne pouvaient pas devenir une véritable assemblée comme le parlement anglais ou la chambre des représentants des jeunes États-Unis.

C'est pourquoi, après bien des péripéties où les avocats, nombreux parmi les députés du tiers, s'en donnèrent à cœur joie dans les procédures, les députés du tiers et quelques prêtres se constituèrent en *Assemblée nationale.*

Les raisons données pour expliquer cette décision sont très claires. Le tiers état par la voix de ses représentants considère qu'il représente « *96 % de la nation* ». Il oppose la loi de la majorité à celle de la naissance ou de la fonction sociale. L'assemblée se déclare souveraine en matière d'impôts. Le peuple prend en main les destinées de la nation.

Et voilà encore deux mots-clés de la Révolution qui font leur apparition : NATION et NATIONAL.

Le royaume est un territoire, la nation une force représentant toute la population, tout le peuple.

Autre mot-clé dont le sens va peser lourdement dans l'histoire de notre pays LE PEUPLE.

Quand le clergé, à la majorité des curés contre les dignitaires, décide de se joindre à l'Assemblée nationale, le roi, poussé par les nobles, décide de casser les décisions et d'empêcher la réunion, tout en convoquant pour le 22 juin une grande séance des États généraux.

Le serment du jeu de paume

Le 20 juin au matin, les députés du tiers trouvent la salle où ils se réunissaient fermée et gardée par les soldats. Où se réunir ? A côté, un *jeu de paume,* sorte de gymnase de l'époque. Les députés s'y rendent. La discussion est vive et la colère gronde. Un député propose alors un serment solennel :

> « Ne jamais se séparer et se rassembler partout où les circonstances l'exigeraient jusqu'à ce que la Constitution fût établie et affermie sur des fondements solides. »

Un seul député refuse, et le serment est adopté dans l'enthousiasme.

La séance du roi fut reculée d'un jour.

La majorité du clergé organise dans la journée du 22 une réunion avec le tiers état, cinq dignitaires de l'Église sont présents, rejoints par deux nobles.

La Révolution est en marche.

A la séance du 23, le roi se fait menaçant et ordonne la séparation ; il s'en va, suivi par la noblesse et une partie du clergé, les autres et les députés du tiers ne bougent pas.

Le maître des cérémonies, le marquis de Dreux-Brézé, vient répéter l'ordre au président Bailly qui répond que la Nation assemblée ne peut recevoir d'ordre. Mirabeau prend alors la parole et lance la phrase célèbre :

> « Allez dire à ceux qui vous envoient que nous sommes ici par la volonté du peuple et que nous ne quitterons nos places que par la puissance des baïonnettes. »

Remarque au passage que la phrase a été changée au cours des années qui suivirent, sans doute pour lui donner plus de force on dit :

« Allez dire à votre maître que nous sommes ici par la volonté du peuple et que nous ne sortirons que par la force des baïonnettes. »

C'est la même chose diras-tu. Pas très sûr, c'est pourquoi je crois plutôt que la première est la bonne, si on pense au langage du temps.

Quand les gardes s'avancent pour faire évacuer la salle, quelques nobles, dont le duc de La Rochefoucauld et La Fayette, mettent la main à l'épée.

Le roi hésite.

Les banquiers s'inquiètent.

Le roi semble céder. La légende lui fait dire :

« *S'ils veulent rester, qu'ils restent...* » En tout état de cause la salle n'est pas évacuée. Mais... La Révolution commence, Paris va prendre les choses en main...

Qui était Necker ?

Necker appartient à cette nouvelle puissance financière qui secoue les vieilles prérogatives de la noblesse. Né à Genève, directeur général des Finances en 1777, il doit démissionner après avoir publié le « Compte rendu au roi sur l'état des Finances », *ce qui le rend très populaire. Il représente bien les milieux des affaires, du commerce et de la banque. Son renvoi entraîne les premières manifestations qui aboutiront à la prise de la Bastille.*

Les Parisiens prennent la Bastille

A cette époque, Paris est encore une ville agglomérée autour des îles de la Seine. Beaucoup d'habitants y vivent des activités artisanales et commerçantes. On y trouve quelques entreprises, grandes pour l'époque, les manufactures où travaillent hommes, femmes et enfants.

Après le rude hiver de 1788, beaucoup de misère, des difficultés de ravitaillement ont rendu la population très sensible à tout ce qui se passe à Versailles. Le moindre incident prend de l'ampleur.

Ainsi, le 28 avril 1789, les ouvriers du fabricant de papier peint, Réveillon, dans le Faubourg-Saint-Antoine, pillent la maison et la cave de leur patron, accusé de bloquer les salaires. Les gardes qui arrivent se trouvent face aux ouvriers de la fabrique, mais aussi à la population du quartier et aux ouvriers accourus des faubourgs. Il y a des morts qu'on n'oubliera pas.

Quand, à Versailles, le roi s'oppose aux députés, Paris riposte en projetant la création d'une garde bourgeoise. Les réunions et les discours se multiplient aux carrefours, au Palais-Royal, ouvert au public par son propriétaire le duc d'Orléans, le cousin du roi.

Les troupes, gardes françaises, hussards, semblent prêtes à fraterniser avec le peuple.

Que vont faire les régiments étrangers ? Les mercenaires suisses, allemands, ne parlent pas français, on ne les aime guère et d'ailleurs ils ont toujours participé à l'écrasement des émeutes.

Et voilà qu'on constate que le roi a fait venir autour de Paris 20 000 hommes. Ils coupent la route de Versailles, bloquent le nord de la capitale et stationnent au Champ-de-Mars. Au danger de répression s'ajoute le risque de voir ces 20 000 hommes mettre en danger le ravitaillement de la ville. Vingt mille bouches de plus à nourrir, ça compte !

Le 11 juillet, le roi, qui attendait le rassemblement de ses troupes, se démasque et renvoie son ministre Necker, populaire auprès des banquiers et des bourgeois. Les banquiers ferment la Bourse, la garde bourgeoise se constitue, on pille les armureries le 12, et le soir un régiment de gardes françaises tire sur le Royal-Allemand, un des régiments étrangers. Ce soir-là aussi, les barrières de péages de Paris brûlent : elles symbolisent les taxes et en particulier la taxe sur les grains au moment où le pain commence à manquer. La garde bourgeoise assiste en spectatrice.

Le 13, on prend aux Invalides 28 000 fusils et quelques canons. C'est à deux pas du Champ-de-Mars, les régiments ne bougent pas.

Le 14 juillet, s'attendant à voir les troupes faire mouvement dans Paris, on pense à la Bastille et à ses canons braqués sur la ville, à ses armes et ses munitions entreposées. Le gouverneur refuse de les remettre au peuple, le siège commence. Les artisans du Faubourg-Saint-Antoine sont sur place. Les portes sont attaquées au canon après une fusillade meurtrière pour les assaillants.

La colère populaire coûte la vie au gouverneur De Launay et au prévôt des marchands Flesselles dont les têtes sont promenées au bout d'une pique.

Reprendre Paris, est-ce possible ? Avec des troupes sûres, certainement au prix d'un massacre, mais les troupes obéiront-elles ? Le roi, pour une fois bien conseillé, ne veut pas prendre ce risque. Le 15 juillet,

La prise de la Bastille

« Le 13 juillet, Paris ne songeait qu'à se défendre. Le 14, il attaqua.

Le 13 au soir, il y avait encore des doutes, et il n'y en eut plus le matin. Le soir était plein de trouble, de fureur désordonnée. Le matin fut lumineux et d'une sérénité terrible.

Une idée se leva sur Paris avec le jour, et tous virent la même lumière. Une lumière dans les esprits et dans chaque cœur une voix : " Va, et tu prendras la Bastille ! "

Cela était impossible, insensé, étrange à dire... Et tous le crurent néanmoins et cela se fit.

L'attaque de la Bastille ne fut nullement raisonnable. Ce fut un acte de foi.

Personne ne proposa. Mais tous crurent et tous agirent. Le long des rues, des quais, des ponts, des boulevards, la foule criait à la foule : " A la Bastille ! à la Bastille ! " *Et dans le tocsin qui sonnait, tous entendirent :* " A la Bastille ! " »

Michelet, *Histoire de la Révolution* (1853)

Louis XVI annonce à l'Assemblée qu'il renvoie les troupes. Le peuple a vraiment pris la Bastille !

On se demande quelquefois (et certains historiens se moquent un peu de cet événement) pourquoi la prise de la Bastille a fait l'effet d'un combat de géants dans la conscience des gens de l'époque. C'est qu'il ne faut pas juger certains événements uniquement par leur aspect militaire.

Pour tous les habitants du royaume, la Bastille était une prison d'état ; même vide ou à peu près, elle représentait le pouvoir royal absolu, les lettres de cachet emprisonnant sans jugement, l'absence de liberté. Prendre la Bastille, c'était supprimer le cauchemar de la privation de liberté.

Pour les Parisiens, c'était aussi la fin de ces canons, braqués sur les faubourgs et prêts à réprimer les émeutes. C'était cela que signifiait le *Te Deum* de Notre-Dame et la démolition immédiate de la forteresse.

Les coups de pic et de marteau des simples gens démolissant la Bastille allaient retentir dans toute la France et dans le monde.

La liberté trouvait son symbole dans une action elle-même symbolique !

La lettre de cachet

Pourquoi ce nom? Parce qu'elle comportait le « cachet » *du roi, c'est-à-dire le sceau royal qui en faisait un ordre exécutoire par tout agent de l'autorité royale.*

La lettre de cachet permettait l'emprisonnement en dehors de tout crime ou délit et sans aucun recours de ceux contre lesquels elle était délivrée.

Utilisée en principe pour la sûreté de l'État, elle permettait aussi bien de mettre en prison les critiques de la politique royale ou d'assouvir des vengeances personnelles ou familiales. Mirabeau en fut victime avant la Révolution. Il ne devait jamais l'oublier...

Trois couleurs pour un drapeau

Les drapeaux ont toujours été des points de ralliement. L'oriflamme, tendue à bout de bras et claquant dans le vent des cavaleries en marche, les bannières des corporations ou des confréries, tous ces symboles de la personnalité d'un chef ou de la confiance d'un groupe jalonnent l'histoire.

La couronne de France avait son emblème, le drapeau blanc à fleurs de lys. Ce drapeau n'empêchait pas d'autres étendards, drapeaux des provinces, drapeaux des régiments, oriflammes particulières à certains nobles, couleurs des grandes ou des petites villes.

C'est ainsi que Paris avait (et a toujours) ses couleurs, le bleu et le rouge.

Quand, au lendemain de la prise de la Bastille, la bourgeoisie parisienne organisa « *La commune de Paris* » en élisant son maire, le député Bailly, les couleurs de la ville devinrent tout naturellement celles du nouveau pouvoir.

Le 17 juillet, après avoir rappelé Necker, Louis XVI vint rendre visite à sa « *bonne ville de Paris* », pour donner satisfaction à la population et se donner aussi le temps d'aviser. C'est à cette occasion que Bailly présenta au roi, en signe de « *l'alliance auguste et solennelle entre le monarque et le peuple* », la cocarde tricolore. Elle alliait aux couleurs de la ville : bleu et rouge, le blanc de la monarchie.

La cocarde est une vieille décoration, elle symbolisait la fête, portée au chapeau ou sur la poitrine, elle s'agrémentait parfois d'un flot de rubans.

En acceptant ce présent, avec une émotion visible dit-on, Louis XVI signait l'acte de naissance d'un symbole national qui allait s'imposer pendant toute la Révolution, lui survivre avec l'Empire et ne connaître qu'une éclipse, celle de la Restauration.

Comme *la Marseillaise,* comme la *Déclaration des droits de l'homme,* le drapeau tricolore de la Révolution française a conservé à travers toutes les variations de l'histoire une valeur de symbole bien au-delà des frontières françaises.

Le drapeau tricolore flotte au vent de la liberté, même quand les armées de l'Empire ou des conquêtes coloniales vont le détourner de sa vocation première.

Ceux-là mêmes qui combattent la France font de *la Marseillaise* et du drapeau tricolore les symboles de la liberté et du droit. On pourrait presque dire qu'ils révèrent la France de la Révolution avec ses symboles, même s'ils critiquent des gouvernements, infidèles selon eux, à l'histoire de notre peuple.

Il peut être parfois difficile d'être Français.

La Province et la Révolution française

Même si l'instruction n'est pas encore très répandue, il y a des gens sachant lire dans toutes les paroisses et en particulier parmi les électeurs du tiers état. Les députés se sentent responsables de l'information de leurs électeurs.

Nous avons du mal à imaginer, nous qui vivons les événements « en direct » grâce à la télévision, le temps mis par les nouvelles à atteindre tout le pays.

A partir de Paris...

« *Il fallait 27 heures pour gagner Moulins, Poitiers, Rennes, Cherbourg, Nancy; vingt-neuf heures pour Dijon; trente-deux pour Calais et quarante et une pour Mâcon. On dépassait deux jours pleins pour aller à Lyon (49 heures), Bordeaux (53 heures) et Brest (60 heures); trois jours pour Avignon (77 heures), Marseille (90 heures) et Toulouse; quatre jours pour Toulon et les villes de la région pyrénéenne.* »

Georges Lefebvre, *La Grande Peur.*

Les lettres des députés constituent une liaison très directe. On les lit à l'Hôtel de Ville ou sur la place. A

Rennes, on note 3 000 personnes rassemblées pour écouter la lecture des nouvelles. Quelques groupes d'électeurs font parfois imprimer ces nouvelles fraîches, quelques journaux s'en emparent.

Ainsi les habitants de toute la France reçoivent les informations directes quelquefois avant les représentants du roi. Les villes et les villages s'informent entre eux et essaient de s'y retrouver dans toutes les informations qui arrivent, les « vraies », les « fausses » aussi. C'est un peu comme cela que s'explique ce que les historiens ont appelé « *La Grande Peur de 1789* ».

Dans la population, on se souvient du passé et de la façon dont les seigneurs propriétaires des terres et le pouvoir royal ont, après avoir donné à croire qu'ils acceptaient les réformes, organisé la répression contre les mécontents. Dans beaucoup de têtes on se dit : « *Ils ne vont pas se laisser faire...* »

Quand les députés racontent ce qui se passe à Versailles, on a vite fait de comprendre que le roi et ses conseillers veulent gagner du temps et reprendre le pouvoir en main. Cela, un grand nombre de citoyens ne le veulent pas. On s'organise en créant des « *milices* », des « *gardes* », on parle d'aller à Versailles pour protéger les députés. Mieux, on se rassemble avec les autres communes de la région. Dans certaines régions on saisit les caisses publiques, on arrête le paiement des impôts. En passant, comme à Paris, on met la main sur les dépôts d'armes.

Ce mois de juillet 1789 a certainement été celui où tous ceux qui avaient envie de voir changer la vie se sont rencontrés avec le plus de plaisir, d'enthousiasme.

Imaginons la scène. Tu es là avec tes copains, à l'époque vous deviez être au travail dans les champs ou à garder les vaches, la moisson n'a pas encore commencé, sur la place du village on discute, on s'interroge. Un peu de poussière sur la route, un cavalier arrive au galop en criant, on l'entoure, quelle mauvaise nouvelle apporte-t-il ? Il crie : « *La Bastille est prise !... La Bastille est prise !...* » Il y a un moment de silence, on se regarde comme si on n'avait pas compris. Et puis, ça y est, on a compris, on crie, on rit, on chante, on s'embrasse, on court chercher à boire pour le messager et on trinque avec lui. Dans la foule, plus d'un homme qui espérait ce jour sans trop y croire, essuie une larme au coin de l'œil. La joie aussi ça fait pleurer parfois.

Cette fête-là se reproduit de ville en ville, pendant toute la période où la nouvelle court la France. Mais dans certains châteaux c'est presque l'annonce de la fin du monde et on fait déjà ses bagages, sans oublier l'or et les bijoux...

C'est ainsi que commence la fuite des émigrés avec à leur tête le frère du roi.

C'est ce qui permet de comprendre que dans certaines provinces les châteaux, bastilles locales, furent pillés, avec leurs archives, preuves des privilèges. Il fallait que l'ordre révolutionnaire supprime l'Ancien Régime. Déjà d'ailleurs de grands bourgeois, propriétaires de terres, maîtres des richesses, trouvaient que le peuple allait trop loin. N'y avait-il pas un quatrième état, celui des pauvres, des misérables, de ceux qui n'avaient rien que leurs bras pour travailler et leur estomac pour crier famine ?

La nuit égalitaire

Les nouvelles de province arrivaient à Versailles. Par le même jeu des vraies et des fausses nouvelles mêlées, beaucoup de députés croyaient le pays à feu et à sang. En même temps, on a peur partout des brigands. Pour les uns, c'est un complot des aristocrates, pour d'autres, c'est une tentative des révolutionnaires pour obliger le roi à céder.

L'Assemblée réunie à Versailles se trouve dans une situation difficile. D'un côté, le roi et la cour qui observent les événements tout en aidant les premiers émigrés à quitter la France, de l'autre la population des campagnes qui s'impatiente et s'attaque aux privilèges les plus visibles, ceux des seigneurs.

C'est que les *Cahiers* ont bien montré combien les droits particuliers reconnus aux nobles, propriétaires des terres, ne sont plus supportés.

Dîmes et droits de chasse, justice des seigneurs et privilèges des juges et de leurs exigences, interdiction d'occuper certains emplois pour les non-nobles, tout cela pèse lourd.

Il faut faire quelque chose.

Et ce qui va se passer dans les premiers jours du mois d'août 1789 est certainement un événement assez rare dans l'histoire, une sorte de scène à caractère théâtral, un opéra de l'égalité.

Voyons le scénario sur fond de grande peur, de crainte de brigands et de révoltes paysannes.

Le 4 août, c'est un des plus grands propriétaires, le vicomte de Noailles, qui propose « *l'égalité devant l'impôt* ». Accueil enthousiaste très compréhensible puisque les *Cahiers* avaient proposé aux députés cette réforme urgente.

A la suite, et dans une sorte d'exaltation où se mêlent sans doute générosité et calcul, les droits féodaux sont supprimés et peuvent être abolis par le rachat.

La dîme du clergé est maintenue, puis abandonnée.

L'égalité civile est proclamée pour tous les hommes (les femmes continuent à être considérées comme mineures toute leur vie).

A l'issue de cette folle nuit du 4 août, et grâce aux diverses mesures prises dans les jours qui suivent, beaucoup de gens de l'époque ont l'impression que la Révolution est faite.

Ces « *sacrifices sur l'autel de la patrie* », malgré leurs limites, et l'espèce de manœuvre politique qu'ils cachent, dessinent quand même une France nouvelle.

— Tout le territoire est désormais soumis aux mêmes lois, les anciennes provinces perdent leur rattachement direct au roi.

— L'impôt s'applique désormais à tous les citoyens sans exemption par la naissance ou la fonction.

— Les droits seigneuriaux sont abolis, les villes et les provinces abandonnent aussi leurs « franchises », c'est-à-dire leurs droits particuliers.

— L'égalité dans l'admission aux emplois prive la noblesse de son principal privilège d'auxiliaire de la monarchie.

— La justice seigneuriale disparaît.

— La justice doit désormais être rendue gratuitement.

Alors, que faut-il penser de cette *Nuit du 4 août* que les gravures, les chansons, les écrits ont célébrée ?

Sans doute qu'elle a été un grand moment de « théâtre politique », mais aussi un grand moment historique.

Beaucoup de participants cette nuit-là étaient sincères et voulaient profondément changer le monde pour le rendre plus habitable, plus « *heureux* », comme le dira en septembre l'abbé Fauchet.

Août 1789

« *C'était le 4 août à 8 heures du soir, heure solennelle où la féodalité, au bout d'un règne de mille ans, abdique, abjure, se maudit.*

La féodalité a parlé (1). *Le peuple prend la parole. Un bas-Breton, en costume de bas-Breton, député inconnu qui ne parla jamais ni avant, ni après, Monsieur Le Guen de Kerengal, monte à la tribune et lit environ vingt lignes accusatrices et menaçantes. Il reprochait à l'Assemblée, avec une force, une autorité singulière, de n'avoir pas prévenu l'incendie des châteaux, en brisant, dit-il, les armes cruelles qu'ils contiennent, ces actes iniques qui ravalent l'homme à la bête, qui attellent à la charrette l'homme et l'animal, qui outragent la pudeur… Soyons justes, qu'on nous les apporte ces titres, monuments de la barbarie de nos pères. Qui de nous ne ferait un bûcher expiatoire de ces infâmes parchemins ?… Vous n'avez pas un moment à perdre ; un jour de délai occasionne de nouveaux embrasements ; la chute des empires est amorcée avec moins de fracas. Ne voulez-vous donner des lois qu'à la France dévastée ?* »

Michelet, *Histoire de la Révolution* (1853)

(1) Le duc d'Aiguillon venait de proposer le rachat des droits féodaux se demandant s'il avait été juste de condamner les brûleurs de châteaux.

83 morceaux d'une seule nation

Les anciennes provinces s'étaient peu à peu agglomérées autour du domaine royal, chacune avec son histoire, avec son chemin particulier, pour rejoindre la couronne de France.

C'était maintenant la nation française qui prenait le relai du pouvoir royal personnel.

Il fallait organiser le territoire national en unités territoriales, inventer de nouvelles formules, de nouveaux noms, supprimer à la fois le souvenir de l'ancien attachement à la personne du roi, et peut-être la tentation de se séparer.

L'idée était de rapprocher le pouvoir des citoyens et pour cela l'unité de base est *la commune,* le plus souvent, à la campagne, reprise de la paroisse. Les communes du voisinage se regroupent dans *un canton* qui respecte le plus souvent les habitudes locales, le jeu des foires et des marchés, les impératifs de la géographie, de l'économie, de l'histoire. Puis les cantons se groupent en *districts,* ou *départements,* suivant les mêmes principes.

Chaque *département,* assez grand pour avoir une unité, assez petit pour placer tous les points à une distance acceptable du chef-lieu, va devenir le centre de la vie politique.

Le principe retenu est la possibilité pour le citoyen de faire dans la journée le voyage au chef-lieu, à cheval ou en carriole. Les Français ont trop souffert d'une administration lointaine et quasi inaccessible, ils organisent sa proximité.

Ces 83 départements, qui ont encore aujourd'hui gardé leurs limites et leurs noms, au moins pour l'essentiel, s'inspirent de la géographie, fleuves, montagnes, et vont ainsi baptiser la France nouvelle.

Certes, les anciennes provinces ne disparaîtront pas de l'esprit des habitants, ni de leur langage, elles connaîtront même des périodes de retour, mais beaucoup plus par nostalgie que par fidélité. Les limites des régions actuelles, par exemple, ont pris beaucoup de liberté avec l'Histoire...

Le département est une petite république, libre de son administration. Pas de représentant de l'autorité du gouvernement. Tous les responsables sont élus au département, au district, au canton, dans la commune.

On voit bien d'où vient le modèle : celui de l'organisation de la jeune république américaine.

Hier, le roi seul maître et ses représentants investis de son autorité et ne devant des comptes qu'à lui.

Aujourd'hui, l'élection à tous les échelons.

C'était passer de la centralisation absolue à la décentralisation absolue.

Mais le système électoral n'était pas si démocratique que l'organisation territoriale, un grand nombre de pauvres ne bénéficient pas du droit de vote, par ailleurs refusé aux femmes. (V. p. 189.)

Déclaration des droits de l'homme et du citoyen

La déclaration américaine des droits avait eu, en son temps, un grand écho parmi les Français partisans des transformations de la société.

Avant même la prise de la Bastille, La Fayette, en liaison avec ses amis américains, et particulièrement George Washington qu'il admirait beaucoup, avait proposé à l'Assemblée d'adopter une déclaration des droits.

La discussion à l'Assemblée ne se passa pas sans difficulté : « *Pourquoi une déclaration des droits ?* » disaient certains, « *elle est inutile et pourra devenir dangereuse.* » « *Pourquoi pas aussi une déclaration des devoirs ?* » disaient d'autres.

Mais il ne faut pas oublier d'où venaient les députés, souvent des hommes de loi, des élèves des philosophes, ils voulaient un texte, une sorte de « charte » ; ils voulaient surtout que la *Loi nouvelle* rende légitime leur résistance à l'ordre ancien.

Il faut lire ce texte qui, depuis le mois d'août 1789, n'a jamais cessé, dans le monde entier, de servir de modèle. Il a été complété, amélioré au fil des années et des modifications des sociétés, il reste une base solide, une sorte de fondation permanente de l'idée que l'homme a des droits.

Parce qu'il a été écrit pendant une période difficile, il passe parfois dans ses articles un peu du vent de la révolte.

C'est pourquoi il ajoute aux droits imprescriptibles, « *liberté, propriété, sûreté* », la « *résistance à l'oppression* ». Les députés qui l'ont voté s'approuvaient ainsi eux-mêmes d'avoir « *résisté à l'oppression* ». Mais, à travers l'histoire, ils lançaient aussi un message à tous les opprimés du monde. Ils refusaient la résignation à l'arbitraire.

A y regarder un peu près, c'est peut-être à cette petite phrase que la Déclaration des Droits de l'Homme doit, deux siècles après, de garder un « ton révolutionnaire ».

Mais elle comportait aussi beaucoup de nouveautés pour les hommes de l'époque :

— L'égalité en droit de tous les hommes (art. 1).
— La souveraineté de la Nation (art. 3).
— La liberté de « faire tout ce qui ne nuit pas à autrui » (art. 4).
— La justice sous le contrôle strict de la loi.
— La liberté philosophique et religieuse (art. 10).
— La liberté de parler, écrire, imprimer (art. 11).
— L'égalité devant l'impôt (art. 12).
— Le principe du contrôle permanent des députés et fonctionnaires.
— L'inviolabilité de la propriété privée.

Bien sûr, on peut, et Mirabeau lui-même le fera, dire que beaucoup de restrictions aux libertés religieuses, d'écrire, d'imprimer, sont prévues. La loi peut limiter pour préserver l' « ordre public ». Quelle tentation pour ceux qui gouvernent !

Bien sûr, on n'a pas donné l'égalité aux femmes, on ne parle pas du droit à s'associer, et si cela supprime les corporations, cela interdit aussi les associations de travailleurs.

Malgré cela nous serons d'accord avec l'historien Albert Mathiez quand il dit :

« Telle quelle cependant, elle fut une page magnifique de droit public, la source de tous les progrès politiques qui se réaliseront dans le monde au siècle suivant. Ce n'est pas par rapport au futur qu'il faut la juger, mais en considération du passé. »

Albert Mathiez, *La Chute de la Royauté* (1921)

*

Texte de la déclaration

adoptée par l'Assemblée Constituante le 26 août 1789
acceptée par le roi le 3 octobre
et promulguée le 3 novembre

Les représentants du peuple français, constitués en Assemblée nationale, considérant que l'ignorance, l'oubli ou le mépris des droits de l'homme sont les seules causes des malheurs publics et de la corruption des gouvernements, ont résolu d'exposer, dans une Déclaration solennelle, les droits naturels, inaliénables et sacrés de l'homme, afin que cette Déclaration, constamment présente à tous les membres du corps social, leur rappelle sans cesse leurs droits et leurs devoirs ; afin que les actes du pouvoir législatif et ceux du pouvoir exécutif, pouvant être à chaque instant comparés avec le but de toute institution politique, en soient plus respectés ; afin que les réclamations des citoyens, fondées désormais sur des principes simples et incontestables, tournent toujours au maintien de la Constitution et au bonheur de tous.

En conséquence, l'Assemblée nationale reconnaît et déclare, en présence et sous les auspices de l'Être suprême, les Droits suivants de l'Homme et du Citoyen :

ARTICLE PREMIER. *Les hommes naissent et demeurent libres et égaux en droits. Les distinctions sociales ne peuvent être fondées que sur l'utilité commune.*

Art. 2. *Le but de toute association politique est la conservation des droits naturels et imprescriptibles de l'homme. Ces droits sont la liberté, la propriété, la sûreté et la résistance à l'oppression.*

Art. 3. *Le principe de toute souveraineté réside essentiellement dans la nation. Nul corps, nul individu ne peut exercer d'autorité qui n'en émane expressément.*

Art. 4. *La liberté consiste à pouvoir faire tout ce qui ne nuit pas à autrui. Ainsi l'exercice des droits naturels de chaque homme n'a de bornes que celles qui assurent aux autres membres de la société la jouissance de ces mêmes droits. Ces bornes ne peuvent être déterminées que par la loi.*

Art. 5. *La loi n'a le droit de défendre que les actions nuisibles à la société. Tout ce qui n'est pas défendu par la loi ne peut être empêché et nul ne peut être contraint à faire ce qu'elle n'ordonne pas.*

Art. 6. *La loi est l'expression de la volonté générale, tous les citoyens ont droit de concourir, personnellement ou par leurs représentants, à sa formation ; elle doit être la même pour tous, soit qu'elle protège, soit qu'elle punisse. Tous les citoyens étant égaux à ses yeux sont également admissibles à toutes dignités, places et emplois publics selon leur capacité, et sans autres distinctions que celles de leurs vertus et de leurs talents.*

Art. 7. *Nul homme ne peut être accusé, arrêté ni détenu que dans les cas déterminés par la loi et selon les formes qu'elle a prescrites. Ceux qui sollicitent, expédient, exécutent ou font exécuter des ordres arbitraires doivent être punis, mais tout citoyen appelé ou saisi en vertu de la loi doit obéir à l'instant; il se rend coupable par la résistance.*

Art. 8. *La loi ne doit établir que des peines strictement et évidemment nécessaires et nul ne peut être puni qu'en vertu d'une loi établie et promulguée antérieurement au délit, et légalement appliquée.*

Art. 9. *Tout homme étant présumé innocent jusqu'à ce qu'il ait été déclaré coupable, s'il est jugé indispensable de l'arrêter, toute rigueur qui ne serait pas nécessaire pour s'assurer de sa personne doit être sévèrement réprimée par la loi.*

Art. 10. *Nul ne doit être inquiété pour ses opinions, même religieuses, pourvu que leur manifestation ne trouble pas l'ordre public établi par la loi.*

Art. 11. *La libre communication des pensées et des opinions est un des droits les plus précieux de l'homme; tout citoyen peut donc parler, écrire, imprimer librement, sauf à répondre de l'abus dans les cas déterminés par la loi.*

Art. 12. *La garantie des droits de l'homme et du citoyen nécessite une force publique; cette force est donc instituée pour l'avantage de tous et non pour l'utilité particulière de ceux à qui elle est confiée.*

Art. 13. *Pour l'entretien de la force publique et pour les dépenses d'administration, une contribution commune est indispensable. Elle doit être également répartie entre tous les citoyens, en raison de leurs facultés.*

Art. 14. *Les citoyens ont le droit de constater, par eux-mêmes ou par leurs représentants, la nécessité de la contribution publique, de la consentir librement, d'en suivre l'emploi et d'en déterminer la quotité, l'assiette, le recouvrement et la durée.*

Art. 15. *La société a le droit de demander compte à tout agent public de son administration.*

Art. 16. *Toute société dans laquelle la garantie des droits n'est pas assurée, ni la séparation des pouvoirs déterminée, n'a point de constitution.*

Art. 17. *Les propriétés étant un droit inviolable et sacré, nul ne peut en être privé, si ce n'est lorsque la nécessité publique, légalement constatée, l'exige évidemment, et sous la condition d'une juste et préalable indemnité.*

Déclaration des droits de l'homme et du citoyen

En 1939, Georges Lefebvre lançait un message en conclusion de son livre Quatre-vingt-neuf, *écrit pour le 150e anniversaire de la Révolution française.*

Quelques mois plus tard, c'était la guerre, la victoire provisoire des adversaires des principes de 1789, la Résistance et la victoire, enfin, sur l'hitlérisme.

Pour le 200e anniversaire, il n'est sans doute pas inutile de reprendre le message (en l'actualisant, pour la date seulement)...

« *Jeunesse de 1989* (1) ! »

La Déclaration aussi est une tradition glorieuse. Entends, en la lisant, la voix des ancêtres qui te parlent, ceux qui ont combattu à Valmy, à Jemmapes, à Fleurus, au cri de « Vive la Nation !... » *Ils t'ont fait libre ; apprécie la noblesse du présent : dans l'univers, l'homme, seul, peut l'être. Ils te répètent que ton sort est entre tes mains et que de toi, de toi seul dépend le sort de la cité future. Aperçois le risque : puisqu'il est un attrait pour toi il ne te fera pas reculer. Mesure la grandeur de la tâche, mais aussi la dignité dont elle te revêt. Renonceras-tu ? Tes Anciens ont confiance en toi ; tu seras bientôt la Nation :* « Vive la Nation !... »

Georges Lefebvre, *Quatre-vingt-neuf* (1939)

(1) 1939 dans le texte.

La marche d'octobre 1789

L'Assemblée siège à Versailles et discute de la Constitution.

Pas facile. Il y a bien le modèle anglais avec la chambre des Lords qui sert de garantie à la royauté, mais beaucoup de députés n'en veulent pas (parmi eux Robespierre et Prieur de la Marne).

Le roi n'a toujours pas signé les textes du 4 août et on parle de lui donner un droit de veto sur les lois votées par l'Assemblée. C'est-à-dire le droit de refuser l'application d'une loi pour une durée de quatre ans.

Les députés et la population veulent que les textes du 4 août et des jours suivants soient enfin signés.

A Paris, la population commence à gronder contre Versailles. Les femmes surtout, aux prises avec les difficultés de ravitaillement. Paris manque de pain, les prix montent. L'alimentation à l'époque est à base de pain, surtout pour les plus pauvres.

On a appris que, quelques jours plus tôt, le roi et la reine ont assisté à un banquet des gardes où « *la cocarde tricolore a été foulée aux pieds* »... On rajoute des détails, vrais ou faux, mais la faim et l'insulte aux patriotes par les gens qui font la fête à Versailles provoquent l'explosion.

Le 5 octobre, un groupe de femmes parisiennes prend le chemin de Versailles. Étrange cortège de plus de 6000 femmes qui, après avoir envahi l'Hôtel de Ville et fraternisé avec la garde composée des vainqueurs de la Bastille, prend la route.

Pour la première fois dans l'histoire de la Révolution, les femmes, et en particulier les femmes du peuple, prennent les choses en main et vont comme on dirait aujourd'hui « donner un coup de pouce » aux événements.

A vrai dire, l'Assemblée, toute à ses discussions sur la Constitution, les accueille fraîchement. Mais elles sont venues là, comme elles disent, pour chercher « *le boulanger, la boulangère et le petit mitron* », c'est-à-dire le roi, la reine et le dauphin. Ramener le roi et l'Assemblée à Paris, c'est assurer le ravitaillement et protéger la Révolution. Il y a là, avec beaucoup de simplicité, l'aveu d'une confiance envers le roi qui peut surprendre, mais marque bien le poids des siècles de soumission à la monarchie de droit divin.

Personne n'avait pris au sérieux cette marche des femmes. Ni le roi, parti à la chasse, ni les ministres, ni la cour, ni une grande partie des députés, et même pas La Fayette qui dut courir en vain derrière le cortège sans le rattraper avant Versailles où il arrive avec ses gardes pour trouver les femmes, campant devant le château et ses grilles ; Il est minuit...

Dure négociation quand le roi rentre de sa chasse. Certains lui proposent de partir vers Rouen sans signer les décrets, d'autres signalent que les caisses sont vides... Le roi signe.

Le 6 à l'aube, après une nuit froide et humide, sans avoir trouvé à se nourrir, un groupe réussit à pénétrer dans le château. Un garde tire. Un manifestant tombe. C'est l'assaut, quelques gardes du corps sont tués, décapités, leurs têtes portées au bout d'une pique comme après la prise de la Bastille.

Le roi, la reine et le dauphin doivent se montrer aux manifestants en compagnie de La Fayette pour que le massacre des gardes cesse.

Tout le monde revient à Paris, aux Tuileries.

Les femmes ont gagné, elles ramènent le roi.

L'assemblée décide de le rejoindre.

Le peuple de Paris a pris une nouvelle fois la direction de la Révolution et les femmes le départ d'une lutte révolutionnaire non encore entièrement achevée.

Paris a faim

« *Mon général, le peuple manque de pain, la misère est au comble ; le Comité de subsistance ou nous trompe ou est trompé. Cette position ne peut durer ; il n'y a qu'un moyen, allons à Versailles !... On dit que le roi est un imbécile, nous placerons la couronne sur la tête de son fils ; on nommera un conseil de Régence et tout ira mieux...* »

Michelet fait ainsi parler un jeune grenadier au général La Fayette à l'Hôtel de Ville, le 5 octobre 1789 à 11 heures. (*Histoire de la Révolution,* 1853)

*

« *La Révolution du 6 octobre, nécessaire, naturelle et légitime s'il en fut jamais, toute spontanée, imprévue, vraiment populaire appartient surtout aux femmes, comme celle du 14 Juillet aux hommes. Les hommes ont pris la Bastille, et les femmes ont pris le roi.*

Le 1er octobre, tout fut gâté par les dames de Versailles. Le 6, tout fut réparé par les femmes de Paris. »

Michelet, *Histoire de la Révolution* (1853)

La première fête du 14 juillet (1790)

L'année 1790 commence bien.

Le 4 février, Louis XVI déclare à l'Assemblée qu'il « *maintiendra la Constitution* » quand elle sera adoptée.

Les gardes nationales s'organisent peu à peu et prennent contact entre elles de commune à commune, de ville à ville. Un mouvement se développe pour créer des « *fédérations* », d'abord locales, puis régionales.

Mais tout n'est pas aussi simple.

Seule la bourgeoisie entre dans la garde nationale.

L'Assemblée refusant de déclarer la religion catholique religion d'État, des troubles éclatent entre catholiques et protestants, entre royalistes et patriotes.

C'est dans ce climat tendu que l'Assemblée, le 22 mai 1790, décide que :

— La France renonce à entreprendre toute guerre de conquête.

— La France n'utilisera jamais ses forces contre la liberté d'aucun peuple.

Déclaration retentissante, tournée vers l'étranger et accueillie avec enthousiasme par tous les amis de la Révolution en Europe.

C'est une première marque de force face aux monarchies étrangères.

Comment donner la même impression de force et d'unité nationale aux Français ?

14 Juillet 1790

« *Nous qui, au 29 novembre 1789, donnâmes à la France l'exemple de la première fédération, nous n'avons pu donner à cette fête qu'un jour, et nous nous sommes retirés le soir pour nous reposer et reprendre nos travaux demain; les travaux de la campagne pressent, nous le regrettons...* »

Lettre des Fédérés d'Étoile à l'Assemblée

*

« *A tous les hommes, à nos ennemis même, que nous jurons d'aimer et de défendre !* »

Toast porté à Lons-le-Saunier
(cité par Michelet)

Chacun des 83 départements nouvellement créés envoie vers Paris une délégation de « *fédérés* » pour une célébration collective de la prise de la Bastille.

Au Champ-de-Mars, préparé par le travail volontaire des citoyens, 300 000 ou 400 000 personnes vont symboliser l'union de la Nation Française : c'est *la Fête de la Fédération.*

Qui est venu là ?

D'abord ceux qui ont préparé le terrain (15 000 travailleurs, 100 000 volontaires), puis 60 000 Fédérés venus de toute la France en cortèges patriotiques et puis les Parisiens (300 000 dit-on).

Talleyrand, évêque d'Autun, entouré de 300 prêtres habillés d'une étole tricolore, célèbre la messe.

Un galop de cheval : c'est La Fayette, commandant de la garde nationale. Il monte à l'autel de la Patrie, face à la tribune d'honneur et prête serment.

Sur la tribune, le roi, entouré de tous les députés accueille La Fayette venu lui rendre hommage.

Le roi se lève et jure...

> *« Moi, roi des Français, je jure à la Nation d'employer le pouvoir qui m'a été délégué, à maintenir et à faire exécuter les lois ! »*

La reine présente à la foule, à bout de bras, le dauphin de cinq ans.

On n'a rien entendu, mais on acclame sans fin, on a travaillé dur pour cette fête de la Nation !

La Révolution est-elle accomplie ?

Que vont faire de leur victoire La Fayette et ses gardes nationaux en armes (cinq ou six millions de Français) ?

Les larmes de joie et les embrassades sont certainement sincères et les fêtes vont se prolonger plusieurs jours dans un Paris qui veut croire à l'avenir. Du Pont-Neuf aux Champs-Élysées, c'est la succession des réjouissances.

L'événement est de grande taille.

La Nation française a pris conscience de sa réalité.

Ça ira

Paroles de LADRÉ 1790 Musique de BÉCOURT

Do
Sol
Nos en_ne_mis___ con_fus en___ res _ tent___ là, Et
Do
Sol
Ré 7
Sol
Sol M
nous al _ lons chanter al _ le_lu_ia! Ah! ça i_ra, ça i_
Sol M
Sol 7 M
Ré 7
_ra, ça i_ra, Quand Boileau ja_dis du cler_gé par_la

Sol M
%
Sol 7 M
comme un prophète il a pré_dit ce_la En_chantant ma_chanson_
Ré 7
Sol
La 7
%
_net _ te, A _ vec_ plai _ sir on di _ ra:
Ré m
Sol
Sol
Do
Sol
Ah! ça i _ ra, ça i _ ra, ça i _ ra, ça i _ ra,

Ah ! ça ira, ça ira, ça ira,
Le peuple en ce jour sans cesse répète
Ah ! ça ira, ça ira, ça ira,
Malgré les mutins tout réussira.

Ah ! ça ira, ça ira, ça ira,
Suivant la maxime de l'Evangile,
Ah ! ça ira, ça ira, ça ira,
Du législateur tout s'accomplira :

1

Nos ennemis confus en restent là,
Et nous allons chanter alleluia!
Ah ! ça ira, ça ira, ça ira,
Quand Boileau jadis du clergé parla
Comme un prophète il a prédit cela,
En chantant ma chansonnette,
Avec plaisir on dira :
Ah ! ça ira, ça ira, ça ira,
Malgré les mutins tout réussira.

2

Celui qui s'élève on l'abaissera.
Celui qui s'abaisse on l'élèvera.
Ah ! ça ira, ça ira, ça ira,
Le vrai catéchisme nous instruira
Et l'affreux fanatisme s'éteindra ;
Pour être à la loi docile
Tout Français s'exercera,
Ah ! ça ira, ça ira, ça ira,
Malgré les mutins tout réussira.

Ah ! ça ira, ça ira, ça ira,
Pierrette et Margot chant'nt à la guinguette,
Ah ! ça ira, ça ira, ça ira,
Réjouissons-nous, le bon temps viendra.

Autre refrain (après le 10 août 1792)

Ah ! ça ira, ça ira, ça ira,
Les aristocrat's à la lanterne !
Ah ! ça ira, ça ira, ça ira,
Les aristocrat's on les pendra.

Ah ! ça ira : ce chant (paroles de Ladré sur l'air du *Carillon national* de Bécourt) date de juillet 1790.

La première constitution

Au « *Jeu de Paume* », les députés des États généraux avaient juré de « *se rassembler partout où les circonstances l'exigeraient jusqu'à ce que la Constitution fût établie et affermie sur des fondements solides.* »

De juillet 1789 à août 1791, l'Assemblée Constituante accomplit un travail gigantesque pour organiser le nouveau régime. Le travail le plus difficile est la rédaction de la Constitution.

Il faut tout inventer.

Ces hommes de lois, ces bourgeois, ces prêtres qui sont devenus députés n'ont pas beaucoup de modèles. L'Angleterre, avec sa monarchie et ses deux chambres, tente un certain nombre de députés, parmi les plus modérés. La plupart trouve le modèle un peu ancien, les pouvoirs de la monarchie trop importants. La république des États-d'Unis d'Amérique n'est pas non plus un bon modèle. D'abord c'est une république et peu de députés se sentent assez sûrs de la nouvelle France pour détrôner la monarchie. Ensuite, la forme fédérale choque cette idée de la Nation rassemblée qui naît au cours de la lutte pour la Révolution.

Si on écoute les discours, on s'aperçoit vite que les modèles antiques, grecs et surtout romains, apparaissent à chaque instant. C'est vers cette antiquité, objet de toute les études, et vénérée comme un idéal, que se tournent les regards.

La discussion ne peut pas être simple.

Déjà les intérêts des divers groupes sociaux sont différents.

Il y a ceux pour qui la Révolution est terminée. Le

pouvoir est tombé entre leurs mains, il suffit de l'organiser, d'empêcher le roi de revenir en arrière sur l'essentiel des réformes, mais il faut lui donner assez de pouvoir, la force de résister aux réclamations et aux émeutes des simples gens. Mounier prend la tête de ce parti. Mirabeau le soutient, La Fayette aussi, au moins en partie.

Il y a ceux pour qui la Révolution ne peut en rester là. Elle doit mettre au point un système dans lequel le travail de réorganisation de la société pourra être mené à bien sans que les « conservateurs », les hommes tournés vers le passé, puissent s'y opposer.

Parmi le petit nombre des députés qui s'opposeront jusqu'au bout aux mesures dangereuses pour l'avenir on commence à entendre la voix d'un jeune député d'Arras, Robespierre.

Raconter une discussion comme celle de la *Constitution* n'a rien de simple. Les gens du peuple n'y comprennent pas grand-chose et s'énervent. Essayons de simplifier un peu.

Le roi n'est pas en cause. Il règne, la monarchie est héréditaire et la succession du Roi suit la tradition. L'aîné devient le dauphin, les femmes ne peuvent pas régner. Si le dauphin est mineur, une régence s'organise, le Régent n'est plus obligatoirement choisi dans la famille royale, mais par des députés élus spécialement à cet effet.

Il faut une représentation du peuple.

Une assemblée ou deux assemblées ? L'Angleterre a *la chambre des Lords,* mais l'exemple de cette deuxième assemblée composée de privilégiés ne dit rien de bon aux députés.

On décide donc qu'il n'y aura qu'une assemblée chargée de faire les lois et elle sera appelée « *Assemblée Législative* ».

Mais que se passera-t-il si le roi n'est pas d'accord avec l'Assemblée ? Peut-il s'y opposer ? Difficile de faire autrement, on donne donc au roi un droit de « *veto* ». Opposer son « *veto* », c'est déclarer « *je ne suis pas d'accord* ».

Pour certains, pas de problèmes, si le roi a dit non, la loi doit être rejetée. (C'est le « *veto absolu* ».) Pour d'autres, le veto ne peut être que limité (c'est le « *veto suspensif* »).

On décide qu'une loi frappée du *veto* du roi sera suspendue pour quatre ans au moins, et cela malgré les discours de Robespierre et de quelques autres.

Mais il faut protéger l'Assemblée et les députés. On déclare que le roi et le gouvernement n'ont aucun pouvoir contre les députés et ne peuvent renvoyer l'Assemblée élue pour deux ans.

Qui choisit les députés ?

D'après *la Déclaration des Droits de l'Homme,* « tous les citoyens », puisqu'ils sont « égaux en droits ». C'est oublier que la Révolution de 1789 a été au départ une révolution de notables, de bourgeois et de gens aisés, qu'elle a proclamé la propriété aussi inviolable que la liberté.

Pour participer aux assemblées primaires, il faut avoir vingt-cinq ans, payer un impôt au moins égal à trois journées de travail, être domicilié dans la commune depuis un an au moins, ne pas être employé comme domestique. Seuls les hommes participent à ces assemblées.

Cela fait environ 4 300 000 citoyens, appelés « citoyens actifs », soit 15 citoyens actifs pour 100 habitants, (pour te donner une idée, il y a actuellement en France 67 % de Français qui peuvent voter).

Ces citoyens actifs élisent les *électeurs* qui doivent posséder des terres ou des maisons (propriété foncière) et payer au moins 50 livres d'impôts.

Ils sont 50 000 parmi les citoyens actifs, 2 pour 1 000 habitants qui, seuls, ont le droit d'élire les députés.

C'est ce qu'on appelle un « vote indirect », une sorte de vote par ricochet qui ne peut élire que les riches.

La souveraineté française est « une et indivisible » elle appartient à la Nation.

*

Le roi des Français est « inviolable et sacré » (sauf en cas de haute trahison).

La royauté est héréditaire.

Le Roi reçoit une somme (liste civile) pour ses dépenses.

*

L'Assemblée élue pour deux ans :

— organise elle-même son travail et sa sécurité ;

— fixe les impôts ;

— établit les lois ;

— peut faire appel au peuple par des proclamations.

*

Le gouvernement : six ministres choisis par le roi

— ne peuvent être choisis parmi les députés ;

— doivent signer toutes les décisions prises en conseil des ministres ou par le roi.

*

Le veto :

— s'applique à toutes les lois ordinaires ;

— mais pas aux lois constitutionnelles, pas aux lois sur les impôts

La France a connu bien des constitutions depuis 1791. Quand on les étudie attentivement, on s'aperçoit vite que la Constitution de 1791 reste le point de départ de toutes, même si le roi a été remplacé depuis 1871 par un *président de la République.*

C'est ainsi que l'histoire sert parfois à mieux comprendre le présent.

Les émigrés

Parmi les ennemis de la Révolution, on retrouve à chaque discours, à chaque condamnation, *les émigrés.*

On appelle ainsi pendant toute la Révolution ceux qui, par leur départ de France, marquent leur refus ou leur peur de la Révolution.

On peut dater le début de l'émigration de la période qui va du serment du Jeu de Paume à la Prise de la Bastille (20 juin-14 juillet 1789). Mais les émigrés de marque, les grands seigneurs, prennent le chemin de l'étranger à partir du 17 juillet 1789.

Le comte d'Artois avec famille, bagages et argent s'en va vers les Pays-Bas le 17, suivi par le prince de Condé et toute sa famille. Le duc et la duchesse de Polignac gagnent la Suisse. Le maréchal de Broglie se réfugie au Luxembourg.

C'est bien une émigration profondément politique. A cette période de la Révolution, ni les personnes, ni les biens de ces grands personnages ne sont menacés. Mais ils refusent toute réforme et s'efforcent de se mettre à l'abri pour restaurer dès que possible l'ordre ancien. Si leurs terres restent, ils n'oublient pas leurs autres richesses et se préparent un exil doré.

Il est difficile de savoir ce que pense Louis XVI, mais le peuple soupçonne la reine, « l'Autrichienne », d'encourager les départs et de préparer l'appel à l'étranger pour remettre de l'ordre au royaume de France.

La période suivante, ce qu'on a appelé « *La Grande Peur* » de fin juillet 1789, amplifiée par quelques incendies de châteaux et quelques exécutions de nobles, a gagné une partie des classes privilégiées. On émigrait par fidélité au roi, considéré comme prisonnier à Versailles puis à Paris, mais aussi par la contagion de la peur de cet ordre nouveau, ce règne de « *la canaille* », incompréhensible par les nobles.

L'émigration va recevoir de nouveaux renforts avec l'échec des manifestations contre-révolutionnaires dans le midi. Les nobles compromis choisissent l'émigration. Dans le peuple on murmure : « *La famille royale est complice et le roi veut sans doute rejoindre cette avant-garde et revenir à la tête des troupes étrangères.* »

La condamnation par le pape de la Constitution civile du Clergé (Voir p. 138) va constituer une nouvelle source d'émigration. Des prêtres, des fidèles s'expatrient au nom de la liberté religieuse, bien qu'en 1792 il n'y ait encore aucune persécution.

Enfin, les luttes à l'intérieur même des divers groupes révolutionnaires contribuent à fournir à l'émigration un autre style de personnages. Au début, ils veulent des réformes et suivent le cours de la Révolution triomphante. Peu à peu le nouveau courant des choses, la nécessité pour le nouveau régime de faire face aux difficultés en allant plus loin dans le changement, tout cela fait peur. Avec la Terreur on va craindre pour sa vie et fuir pour la préserver, même quand elle n'est pas menacée (La Fayette va s'enfuir en Belgique en août 1792). Mais les émigrés furent cependant une minorité de la noblesse.

Il ne faudrait pas croire à une émigration seulement peuplée de nobles et de personnages haut placés. C'est vrai, il y a dans *l'armée des princes* plus d'officiers de hauts grades que de simples soldats. Cependant, de simples gens choisiront d'accompagner les émigrés par fidélité à leurs maîtres, par fidélité au roi, ou simplement pour suivre, sans comprendre.

D'autres refuseront d'entrer dans l'armée de la Révolution, mais ceux-là se réfugieront dans les bois et les forêts de certaines régions de montagne. Peu nombreux au départ, ils verront leur nombre augmenter pendant les guerres de Napoléon. Mais ils ne feront pas cause commune avec les émigrés, sauf pour l'Ouest de la France.

Comment vivent ces émigrés ?

Pour les grands seigneurs aux propriétés multiples, parfois hors des frontières, ils ne changent pas grand-chose à leur mode de vie. Luxe, fêtes scandalisaient les gens ordinaires y compris ceux des pays où ils vivent. Dans certaines régions d'Allemagne, la population leur est hostile et le leur montre bien. De plus, ils ont constitué une sorte d'armée qui doit leur permettre de rentrer en France et de reprendre le pouvoir, et se conduisent parfois comme en pays conquis.

Mais pour le peuple de France dans sa majorité l'image des émigrés est doublement mauvaise. En effet, ils ont voulu empêcher le changement souhaité par tous et proclament bien haut qu'ils reviendront pour rétablir l'ordre d'avant 1789, c'est-à-dire tout ce qui a été détruit et, à partir du moment où leurs biens sont mis en vente, ce qui a été acquis. Mais surtout, ils ont fait appel à l'aide de l'étranger pour renverser le nouveau régime et la population ne leur pardonnera jamais.

C'est là une vieille règle dans l'histoire des hommes.

Un peuple accepte une armée de libération quand il a perdu sa liberté et encore à condition qu'elle ne reste pas longtemps sur le territoire ; il n'accepte jamais ceux qui viennent rétablir un pouvoir renversé par un mouvement de libération.

Jamais le peuple français n'a oublié les émigrés et leur attitude. Ce fait a marqué notre histoire pendant tout le XIXe siècle.

Ceux qui n'auront « *rien appris et rien oublié* » comme on le dira pendant la Restauration resteront profondément étrangers à la Nation Française

Le roi en fuite

20 juin 1791. Minuit. Des ombres discrètes sortent du Palais des Tuileries par une porte non gardée. Près de là, stationne une grosse voiture, une berline. Un homme, deux femmes, deux enfants, quelques domestiques. La voiture quitte Paris sans encombre.

Le roi vient de prendre la fuite avec la famille royale, suivant un plan préparé depuis longtemps. Il se dirige vers l'Est, vers Montmédy où il doit faire sa jonction avec des troupes que l'Empereur d'Autriche a mis à la disposition de Bouillé, commandant les troupes françaises du secteur (ce qui vaudra à Bouillé d'être immortalisé comme traître dans la *Marseillaise*...)

Le Comte de Provence, frère du roi, est aussi en fuite vers la Belgique. On le retrouvera plus tard.

Bien préparée, la fuite se déroule sans incident jusqu'à Sainte-Menehould, où le maître de poste est Drouet, un patriote. On change les chevaux. Le visage de Louis XVI apparaît-il à la portière comme le veut la légende ? Est-ce Drouet lui-même ou son fils qui reconnaît le roi ? Toujours est-il que Drouet part à la poursuite des fuyards, les devance et met au courant les autorités de Varennes.

Varennes n'est pas loin de Montmédy, où Bouillé attend. Si Louis XVI le rejoint, la fuite est réussie.

Que vont faire les autorités de Varennes ? Croire les papiers des voyageurs, ou partager les soupçons de Drouet ? Et s'ils suivent Drouet, que vont faire les hussards en garnison à Varennes ? Obéir au roi ou à la Nation ?

L'épicier Sauce est procureur de la commune de Varennes, l'histoire lui a placé sur les épaules une terrible responsabilité...

En tout état de cause Drouet agit, il rassemble les patriotes, fait barrer le pont, parlemente avec les hussards. Victoire ! Les hussards passent au peuple ! La berline s'arrête. On interroge le « bourgeois » qui est descendu. Si c'est le roi, il ne doit pas quitter la France et trahir son serment.

A minuit, lassé des interrogatoires, Louis XVI reconnaît : « *Je suis votre roi* », mais la magie du mot est morte. Le roi a fui, il a rompu son contrat, la colère contenue s'exprime. Les autorités assurent la protection des fuyards.

On attend les ordres.

Le retour vers Paris est décidé après quelques heures de repos sous bonne garde.

Une page de l'histoire de notre pays vient encore une fois de tourner.

Le voyage de retour va être l'occasion d'un changement d'attitude complet de la population. Après le 14 juillet, pendant le retour à Paris en octobre 1789, la foule acclame le roi, c'est encore le père de la Nation, celui qui, bien conseillé et aidé par les députés, pourra faire le bonheur du peuple.

Le retour de Varennes se fait sous la protection de la garde nationale au milieu d'un peuple hostile. Le roi est allé vers l'Est, vers l'envahisseur, l'ennemi, le frère de l'Autrichienne.

Deux jours et demi pour ce retour qui s'achève par les Champs-Elysées, noirs de peuple, sans un applaudissement, sans un cri ni favorable, ni hostile.

Le silence d'un peuple peut parfois être plus terrible que sa colère.

Mais la situation politique n'est pas claire.

Avant de partir, le roi a signé un manifeste où il condamne l'œuvre de la Révolution et en appelle au peuple. A peine connu, le texte rassemble les patriotes qui abandonnent discussions et querelles pour faire bloc autour de l'Assemblée.

Mais cette Assemblée doit faire face à une situation difficile. Le 21 juin, dès la fuite du roi connue, elle a pris des mesures de sauvegarde : interdiction de la sortie d'argent, de la sortie des armes et des munitions, fermeture des frontières, mobilisation de la garde nationale, levée de 100 000 volontaires. Tout l'Est de la France est en état d'alerte. Ces hommes modérés montrent une énergie qui ne se démentira pas. Le défi est immédiatement relevé.

A l'étranger, on s'agite. L'Espagne expulse tous les Français, l'Empereur d'Autriche, frère de la reine Marie-Antoinette, prend la tête d'une sorte de coalition pour « *la liberté de l'honneur du roi très chrétien et de sa famille* ».

Alors ? Que faire du roi ? Que va faire le roi ?

Quelques-uns parlent de la République, la plupart sont soulagés d'avoir récupéré le roi. Il faut éviter la guerre. Détrôner Louis XVI, obligerait à le remplacer. Par qui ? Ses frères ont émigré, le dauphin est trop jeune. Qui peut être régent ?

Il reste à trouver un moyen de s'en sortir, on parle de « l'enlèvement » du roi et le tour est joué. Tous les modérés respirent. Le roi et sa famille aussi.

Mais les patriotes n'ont pas oublié, les plus révolutionnaires attendent leur heure...

La patrie en danger

> « Des troupes nombreuses s'avancent vers nos frontières ; tous ceux qui ont horreur de la liberté s'arment contre notre Constitution. Citoyens ! La Patrie est en danger ! »
>
> Texte adopté par l'Assemblée le 11 juillet 1792

Le parti de la guerre

Comment en est-on venu là ?

L'Assemblée constituante, après avoir passé sous silence la fuite du roi, s'est séparée le 30 septembre 1791 aux cris de :

« *Vive le roi ! Vive la Nation !* »

Dès le mois d'août, le roi de Prusse et l'Empereur Léopold avaient signé un accord pour « *intervenir promptement d'un mutuel accord, avec les forces nécessaires* ». C'est un peu une manière de parler sans avoir envie d'agir, mais, en France, on prend la menace au sérieux.

Peut-on faire confiance à l'armée ? Beaucoup s'y refusent. D'où une levée en masse de 100 000 hommes, pris dans la garde nationale et qui se rassemblent peu à peu vers Paris.

745 députés se réunissent le 1er octobre 1791.

Aucun n'a participé à l'Assemblée constituante dont les députés avaient décidé eux-mêmes, sur proposition de Robespierre, de renoncer à pouvoir être élus dans la nouvelle assemblée, baptisée par la Constitution « *Assem-*

blée Législative », marquant ainsi son pouvoir : faire les lois.

La droite comprend 264 députés, inscrits au Club des Feuillants, très proches de la royauté et suivant divers chefs, Barnave, Du Port, Lameth, conseiller de la cour, et La Fayette en disgrâce de la faveur royale.

La gauche, 136 députés, inscrits au Club des Jacobins, avec une extrême-gauche de quelques députés et une direction venue de la Gironde.

Le centre, presque majoritaire, avec 345 députés, des gens attachés à la Révolution et à ses conquêtes, mais sans grande formation politique et un peu perdus dans un Paris agité, bien éloigné du mode de vie de leurs campagnes.

Et justement ces campagnes ne sont plus aussi unanimes à soutenir la Révolution. Le clergé réfractaire commence à agiter la Vendée ; en Lozère il est à l'origine de l'expédition paysanne contre les patriotes de Mende.

Une émeute contre-révolutionnaire en Avignon et la riposte qu'elle entraîne révèlent un malaise accentué par les menaces des émigrés rassemblés près de Coblence.

Le veto du roi à deux décrets sur les prêtres réfractaires et sur les émigrés provoque la colère populaire.

Après une certaine hésitation, le roi et la cour ne voient qu'une issue à la situation : la guerre. Le pays est désorganisé, l'armée a perdu beaucoup de ses cadres officiers, passés à l'étranger, les approvisionnements sont médiocres, la défaite paraît au roi inévitable. A la faveur de l'entrée des troupes étrangères, le roi espère retrouver son autorité. Ce qui a échoué à Varennes, la guerre peut permettre de le réussir.

Le gouvernement compte sur la guerre pour cimenter l'unité nationale et démasquer les traîtres. C'est donc une guerre contre l'ennemi intérieur, pour porter la liberté à d'autres « *peuples asservis* », une « *croisade de liberté universelle* ».

Seul, Robespierre, qui n'est plus député mais fréquente le Club des Jacobins, poursuit dans des discours une lutte obstinée contre la guerre, mettant en garde contre les risques courus. Robespierre ne croit pas que l'on puisse exporter la Révolution : « *Personne n'aime les missionnaires armés, et le premier conseil que donnent la nature et la prudence, c'est de les repousser comme des ennemis.* » On comprend Jaurès parlant à propos de ces discours de « *réalisme révolutionnaire* ».

Mais Robespierre ne réussit pas à convaincre les partisans de la guerre. Dix députés seulement votent contre la déclaration de guerre le 20 avril 1792.

Quelle armée pour la France ?

Quand la déclaration de guerre survient, où en est l'armée française ?

La moitié des 12 000 officiers a émigré. La France dispose de 150 000 hommes, dont beaucoup proviennent de la levée des volontaires de 1791. Ces derniers s'opposent à leurs officiers pour la plupart partisans de l'ancien régime. Les généraux : La Fayette plus à l'aise dans les salons et dans les intrigues politiques que sur le terrain, Rochambeau, brillant officier dans la guerre d'indépendance de l'Amérique mais déjà vieux, et un général d'origine allemande, Luckner, dont on ne vante pas beaucoup les mérites.

Partie pour l'offensive, l'armée ne réussit pas à tenir devant les troupes autrichiennes et le commandement suggère la paix immédiate.

A l'Assemblée, l'idée que la cour joue un double jeu gagne du terrain. Les Clubs, les faubourgs grondent.

Le roi refuse les décrets de l'Assemblée une nouvelle fois et renvoie les ministres jacobins. La Fayette prend la tête du mouvement destiné à stopper les agitations populaires.

Qui va gagner ?

C'est encore une fois le peuple des faubourgs qui va emporter la décision. Les Jacobins de l'Assemblée et du Club organisent une fête pour le 20 juin, anniversaire du *Serment du Jeu de Paume.* Fête, manifestation, cortèges. Les faubourgs vont d'abord à l'Assemblée, puis au palais des Tuileries. Le roi est un peu malmené, mais sans excès et il ne cède pas, croyant la situation favorable.

La manifestation est un échec que Robespierre et ses amis avaient prévu : ils ont refusé de s'y associer.

La situation est grave. La province blâme la manifestation, de nombreux Parisiens aussi. La Fayette essaie de se débarrasser des Jacobins sans y parvenir. La cour continue à manœuvrer.

Aux frontières, les armées reculent, la France va être envahie.

Sous le prétexte de fêtes, le 14 juillet 1792, l'Assemblée, malgré le roi, organise le rassemblement à Paris des gardes nationaux venus de toute la France.

Déjà, l'idée de la trahison du roi est dans toutes les têtes et plusieurs députés y font allusion à l'Assemblée. S'il y a trahison il faut proclamer la déchéance du roi.

Rude période... Des députés qu'on va appeler *les Girondins* négocient en secret avec le roi et la cour ; des départements montent à la fois des protestations de fidélité au roi, mais aussi de très nombreuses mises en accusation. La Fayette essaie d'organiser la fuite du roi qui reviendra à la tête de ses troupes.

A ce moment-là, va se précipiter l'entrée massive des citoyens de Paris privés du droit de vote, les citoyens passifs, dans la vie politique des « sections », c'est-à-dire des quartiers, mais aussi de la garde nationale dont ils étaient jusque-là exclus.

Robespierre anime au Club des Jacobins la résistance au roi et aux diverses manœuvres des groupes politiques. Il trouve un nouveau public, un nouvel appui dans les *Fédérés* venus des villes de province. Ceux qui sont venus, « montés à Paris », croient à la Révolution, ils sont prêts à lui sacrifier leur vie, ils rejoignent les 15 000 Parisiens qui peu à peu se rassemblent en armes dans les divers quartiers.

Un directoire secret prépare l'insurrection tandis que Robespierre, mis au courant des projets de La Fayette de faire évader le roi, les dénonce le 4 août.

La cour multiplie les distributions d'argent à certains hommes politiques, à certains personnages considérés comme influents.

La prise des Tuileries

C'est dans la nuit du 9 au 10 août 1792 que l'insurrection prend son essor.

Ce n'est pas une démonstration, une manifestation. Les hommes qui, avec Carra et Chaumette, s'avancent vers les Tuileries sont les fédérés marseillais ; ceux du Faubourg-Saint-Antoine avec Santerre, ceux du Faubourg-Saint-Marceau avec Alexandre sont tout aussi déterminés.

A l'Hôtel de Ville, le maire Pétion mis hors d'état d'intervenir est remplacé par des délégués venus des quartiers, une Commune révolutionnaire se met en place.

Le commandant de la garde du château, Mandat de Grançay, qui a donné des ordres pour attaquer les fédérés, est destitué, emprisonné, exécuté sur la place de Grève.

Les insurgés patriotes approchent du château.

Le roi se réfugie auprès de l'Assemblée.

Le décret sur « La Patrie en danger »

Article premier :

Lorsque la sûreté intérieure ou la sûreté extérieure de l'État seront menacées et que le corps législatif aura jugé indispensable de prendre des mesures extraordinaires, il le déclarera par un acte du corps législatif, dans la formule suivante : Citoyens, la Patrie est en danger !

Article 2 :

Aussitôt la déclaration publiée, les conseils de département et de district se rassembleront et seront, ainsi que les municipalités et les conseils généraux, en surveillance permanente.

Article 3 :

Tous les citoyens en état de porter les armes et ayant déjà fait le service des gardes nationales seront aussi en état d'activité permanente.

4 juillet 1791

Le 11 juillet 1792, l'Assemblée législative décrète La Patrie en danger.

Son départ donne le signal du passage aux insurgés des canonniers et des gardes nationaux.

Quelques gardes du corps et les Suisses résistent et on compte 500 morts parmi les assaillants. Attaqués au canon, les Suisses sont vaincus et la plupart des survivants massacrés.

Sur cette victoire populaire, chèrement payée, flotte l'air nouveau, l'air de la victoire des fédérés marseillais : la *Marseillaise !*

La Patrie en danger

« Tout s'émeut, tout s'ébranle, tout brûle de combattre. Une partie du peuple va se porter aux frontières, une autre va creuser des retranchements et la troisième avec des piques défendra l'intérieur des villes (...).

Le tocsin qu'on va sonner n'est point un signal d'alarme, c'est la charge sur les ennemis de la patrie. Pour les vaincre, Messieurs, il nous faut de l'audace, encore de l'audace, toujours de l'audace et la France est sauvée ! »

Danton, *Discours à l'Assemblée législative,*
2 septembre 1792

La Révolution sera défendue

La situation militaire est grave.

Le 26 août 1792, Paris apprend la prise de Longwy.

La route de Paris est ouverte.

Les chefs de la Gironde veulent quitter la ville, Danton, l'un des orateurs les plus populaires, s'y oppose avec énergie. Il est ministre de la Justice.

La Commune de Paris prend des initiatives : on forge 30 000 piques, on enrôle à tour de bras, on désarme les suspects.

Le 30 et le 31 août, on arrête 3 000 « suspects ». Beaucoup sont libérés presque aussitôt.

Le 1er septembre, il y a 2 800 prisonniers, hommes et femmes, dans les prisons de Paris, certains pour vol et autres délits.

Le 2 septembre au matin Paris apprend le siège de Verdun. La Commune réagit :

« *Aux armes, citoyens ! Aux armes ! L'ennemi est à nos portes !* »

On sonne le tocsin, les canons tonnent, les volontaires se préparent au départ, les conseils de Marat de ne pas partir en laissant les ennemis du peuple préparer leurs trahisons sont dans toutes les têtes.

Le 2 après-midi, des prêtres réfractaires conduits en prison à l'Abbaye sont massacrés, les prêtres prisonniers aux Carmes sont exécutés et les massacres continuent jusqu'au 6 septembre. Plus de 1 100 prisonniers sont mis à mort, les trois-quarts sont des détenus de droit commun, hommes et femmes.

Il est certes difficile à quelqu'un qui vit dans la période que nous connaissons d'admettre ces massacres, ces exécutions sommaires qui sont toujours inadmissibles.

Nous savons par des expériences récentes combien il est impossible d'empêcher ces manifestations de la peur et leurs formes violentes, nous connaissons mieux le mécanisme de ces mouvements de foule. Déjà, au début de la Révolution, la Grande Peur en avait été un témoignage.

Les autorités sont impuissantes. Danton, ministre de la Justice, ne fait rien pour protéger les prisons, mais pouvait-il faire quelque chose ? Comme le dira un historien du XIXe siècle, pourtant peu favorable à la Révolution, Hippolyte Taine :

> « Ils (les patriotes) savent, par leur expérience propre, la différence de leur condition récente et de leur condition présente. Ils n'ont qu'à se souvenir pour revoir en imagination l'énormité des taxes royales, ecclésiastiques et seigneuriales (...) Une colère formidable roule de l'atelier à la chaumière avec les chansons nationales qui dénoncent la conspiration des tyrans et appellent le peuple aux armes. »

Mais l'Assemblée constituante, avant de se séparer, avait eu le temps entre le 10 août et le 20 septembre de prendre un grand nombre de mesures :

— Le 25 août : abolition *sans rachat* des redevances féodales.

— Le 26 août : ordre aux prêtres réfractaires de quitter la France.

— 9 et 16 septembre : recensement des grains disponibles.

Une nouvelle fois est mis en lumière la place du pain dans l'approvisionnement, l'expression « *gagner son pain* », peu employée aujourd'hui, gardera tout son sens jusqu'au milieu du XXe siècle.

— Et dès le 4 septembre, l'Assemblée exprimait le vœu que la convention abolisse la royauté.

Il restait à faire la guerre et à gagner la paix.

C'était le travail de la Convention.

Élue par tout le peuple ? Non sans doute, car il y avait beaucoup d'abstentions. Certains, les royalistes, par refus ou peur, d'autres parce que la conquête du droit de désigner les députés leur paraissait sans doute trop neuve, trop difficile à faire passer dans leur vie. La souveraineté du peuple était une idée nouvelle après tant de siècles de soumission. On pense à la phrase de Victor Hugo :

« Ces choses-là sont rudes
Il faut pour les comprendre avoir fait des études. »

Rien n'est facile, et la liberté s'apprend plus difficilement encore que la servitude, la colère ne suffit pas à construire un monde nouveau.

La chute de la royauté

En quittant les Tuileries, le 10 août 1792, le roi espère encore que l'insurrection sera contenue.

L'accueil de l'Assemblée, d'abord respectueux et cordial se transforme en hostilité au fur et à mesure des progrès de l'insurrection.

Cependant, quand la résistance cesse aux Tuileries, ce n'est pas la déchéance du roi qui est votée, mais sa suspension.

Vers une nouvelle Assemblée

Le trône est renversé mais avec sursis.

L'Assemblée législative élue pour appliquer la constitution de 1791 ne peut plus accomplir son mandat.

Depuis plusieurs semaines, dans les Clubs (v. p. 125), Robespierre et ses amis réclament l'élection d'une nouvelle assemblée, une « *Convention* », qui doit prendre de nouvelles mesures à caractère constitutionnel. L'Assemblée avait repoussé jusqu'alors ces projets, accusant même Robespierre de trahison.

Le 10 août 1792, la convocation de la Convention est décidée.

Mais le fait nouveau qui montre bien que, le 10 août, une nouvelle révolution commence, c'est que *tous les citoyens reçoivent le droit de vote pour la nouvelle assemblée.* Le suffrage universel est né, pour les hommes du moins.

L'insurrection a été menée par les citoyens passifs, c'est dans leurs rangs qu'on compte les victimes. Ils ont gagné le suffrage universel dans les cours des Tuileries, à la pointe des piques et au son des canons.

Et le roi ?

La nouvelle Commune de Paris s'en empare et l'interne avec sa famille à la prison du Temple. C'est la Commune qui en assume la garde.

Comment gouverner en l'absence du roi ?

L'Assemblée crée un « *Conseil exécutif provisoire* », véritable gouvernement où Roland assume le ministère de l'Intérieur, Servan la guerre, Monge la marine, Lebrun les relations extérieures, Clavière les finances et où Danton devient ministre de la Justice.

La Commune de Paris prend une importance de plus en plus grande, mais quelles vont être les réactions dans les départements, dans l'armée ?

L'Assemblée, dès le 10 août, prend conscience des risques. Trois membres de l'Assemblée se rendent immédiatement auprès des armées. Ils ont les pleins pouvoirs et agiront très vite pour assurer le respect des ordres de l'Assemblée et du conseil exécutif.

Le 11 août, l'Assemblée expédie des commissaires dans chaque département. Danton les choisit dans les rangs des vainqueurs du 10 août.

Les fonctionnaires, prêtres compris, doivent prêter serment de « *maintenir la liberté et l'égalité* ».

Le 17 août, un tribunal criminel extraordinaire est créé pour juger les crimes contre-révolutionnaires.

C'est sans doute à ces mesures énergiques et à la garde vigilante montée par les patriotes que l'on doit l'échec des tentatives contre-révolutionnaires. La Fayette, abandonné par ses troupes, passe aux Autrichiens et n'est pas très bien reçu. Dietrich, le maire de Strasbourg (celui de la naissance de *La Marseillaise*), essaie sans succès de soulever Strasbourg et s'enfuit.

Mais une partie des riches, des bourgeois, commence à s'inquiéter. Les pauvres se sont portés au-devant de la scène et la Révolution a changé de chemin.

Le quatrième État montre son visage ; pour certains la limite est atteinte, il faut préserver l'ordre et la propriété !

Le procès du Roi

Le 10 août 1792, les assaillants des Tuileries ont fait une bonne moisson de documents.

C'est un fait connu de tous, et les patriotes se demandent pourquoi on tarde à ouvrir le procès du roi pour trahison, alors que certains de ses complices ont été frappés.

On discute beaucoup ; de nombreux députés, et parmi eux les Girondins, semblent hésiter.

Qui doit juger le roi ? La nation.

Qui représente la nation ? La Convention réunie depuis le 20 septembre 1792 pour donner une nouvelle Constitution à la France.

Au moment où la discussion devient de plus en plus compliquée, un événement imprévu change toute l'affaire : le serrurier Gamain, qui avait installé aux Tuileries pour Louis XVI une armoire de fer secrète, dans l'un des murs, avertit Roland, responsable de la police.

Le ministre fait ouvrir l'armoire sans témoin et apporte les documents à l'Assemblée.

Cette ouverture non publique a permis toutes les suppositions. La Convention a-t-elle eu connaissance de tous les documents ? Roland a-t-il protégé certains de ses amis en faisant disparaître certaines pièces ?

La correspondance de Louis XVI ainsi dévoilée s'adressait à Mirabeau, à l'évêque de Clermont, à Dumouriez, à La Fayette...

Comment éviter le procès public alors que tous les patriotes ont en main les preuves de la trahison du roi, mais aussi de certains personnages célèbres comme Mirabeau, décédé en 1791, La Fayette en fuite ? La Commune réclame justice, soupçonne Roland d'avoir dissimulé des documents et accuse. Impossible d'éviter un procès, les défenseurs de la Patrie ne le permettront pas.

Une commission est enfin désignée pour établir l'acte d'accusation et fixer la procédure.

Le roi sera jugé par la Convention.

Chaque député votera à l'appel de son nom et publiquement.

Le roi se défend mal, niant même avoir signé les pièces qui portent sa signature.

Parmi les Conventionnels beaucoup souhaitent sans doute une autre solution.

Tous sentent bien que le procès ne peut aboutir qu'à la condamnation à mort. La trahison apparaît évidente, mais est-il légal de condamner le roi ? N'oublions pas qu'il y a encore beaucoup d'hommes de loi parmi les députés.

Alors, on manœuvre, on essaie de trouver un accord avec l'Espagne, l'Angleterre. On fait dire aussi que la mort du roi dresserait toute l'Europe contre la France. On tente de comploter pour faire évader le roi. On essaiera ensuite d'acheter les voix de certains députés. C'est vraiment une période de marchandages assez sordides où quelques voix se font entendre, comme celles de Marat, s'opposant à l'appel au peuple réclamé par certains Girondins, ou de Robespierre qui en appelle à l'avenir : « *la victoire décidera si vous êtes des rebelles ou des bienfaiteurs de l'humanité, et c'est la grandeur de votre caractère qui décidera de la victoire.* »

Imagine cette journée dramatique du 14 janvier. Chaque député répond à l'appel de son nom, il a tout le temps pour expliquer son vote.

— *Louis XVI est-il coupable ?*
Oui, répondent les députés, sauf quelques abstentions.

— *Faut-il faire appel au peuple pour le juger ?*
424 voix refusent.
287 acceptent.

— *La peine :*
361 votent la mort.
26 votent la mort avec examen d'un sursis possible
334 votent pour les fers, la prison, la mort sous certaines conditions.

Sur les 26 proposant le sursis un seul député maintient son vote.

La majorité devenait de 386 voix.

C'était la mort.

— *Une demande de sursis à l'exécution* pour éviter le conflit avec les monarchies européennes et les troubles intérieurs est repoussée par :
380 voix contre 310.

Pour obtenir une mesure contre leurs ennemis Montagnards, les Girondins font voter des poursuites contre les auteurs des massacres de septembre.

Mais l'ancien garde du corps, Pâris, « venge » Louis XVI en assassinant un Conventionnel, Le Pelletier de Saint-Fargeau, et les poursuites sont abandonnées.

— 21 janvier 1793, 10 h du matin.

Place de la Révolution (aujourd'hui Place de la Concorde).

— La voiture du maire de Paris conduit Louis XVI au supplice.

Paris se tait. Boutiques fermées. La foule silencieuse.

— Le bataillon des fédérés marseillais commandé par Santerre entoure l'échafaud, les tambours battent, couvrant la voix du roi qui parle à son confesseur.

— Le couperet de la guillotine tombe.

— La Révolution a atteint le point de non-retour.

Les hommes qui ont voté la mort du roi ne peuvent plus espérer qu'en la victoire de la Révolution. Comme dit l'un d'eux, Le Bas :

« *Nous voilà lancés, les chemins sont rompus derrière nous, il faut aller de l'avant, bon gré mal gré, et c'est à présent surtout qu'on peut dire : vivre libre ou mourir...* »

La guillotine

Le docteur Guillotin était député à la Constituante, il gardait, comme tous les citoyens de l'époque, une très profonde horreur des supplices de l'ancienne justice. La pendaison, le supplice de la roue, l'écartèlement, la mort sous la torture, la décapitation à la hache choquaient ces hommes cultivés. Comment priver quelqu'un de la vie sans souffrance inutile ? En partant d'un système italien, le docteur Guillotin conçut donc une machine à laquelle il donna, bien malgré lui, son nom.

Le 25 avril 1792 elle fonctionne pour la première fois et elle symbolisera la Terreur.

Elle s'est heureusement arrêtée de fonctionner en France, où la peine de mort a été supprimée en 1981, mais le respect de la vie n'est pas totalement acquis dans toutes les consciences.

Le soleil de Valmy

L'armée s'organise peu à peu.

A l'armée de métier s'ajoute une armée de volontaires qui, avec la levée des volontaires de 1792, va voir arriver des gens de l'artisanat, artisans et compagnons.

La capitulation de Verdun le 2 septembre 1792 entraîne une poussée de l'armée ennemie vers l'Argonne. Dumouriez se replie, découvrant la route de Paris le 12 septembre.

C'est à ce moment-là que la situation change.

Kellerman et l'armée de Metz rejoignent Dumouriez le 29 septembre. Les deux armées représentent 50 000 hommes, sans formation militaire pour la plupart, contre 34 000 de l'armée de Brunswick, soldats entraînés et commandés par des chefs renommés.

La rencontre a lieu à Valmy le 20 septembre 1792, dont la hauteur, surmontée d'un moulin, est occupée par les troupes de Kellerman.

Les troupes prussiennes avancent et font feu. Tout le monde, côté prussien, pense que l'armée française ne résistera pas au choc. Voilà que Kellerman met son chapeau au bout de son épée et crie :

« *Vive la Nation !* »

Le cri est repris par des milliers de poitrines. L'infanterie prussienne s'arrête. Il n'y aura pas d'assaut... La pluie se déchaîne et chacun reste sur ses positions. Le soleil de Valmy est ailleurs que dans le ciel ! L'invasion prussienne n'ira pas plus loin. A Valmy on peut se souvenir de la phrase de l'écrivain allemand Goethe, qui était parmi les troupes prussiennes :

« *D'aujourd'hui et de ce lieu date une ère nouvelle dans l'histoire du monde...* »

Les Prussiens se retirent, Dumouriez ne les harcelle pas, se contente de les suivre et de récupérer les villes : Verdun puis Longwy.

Victoire militaire ? On a souvent dit bien des choses sur la bataille de Valmy, comme sur la prise de la Bastille. A entendre certains, ce ne serait pas une « vraie victoire » sur le plan militaire, les troupes prussiennes avaient d'autres préoccupations, les souverains de Prusse et d'Autriche aussi.

On oublie trop que les événements sont plus importants parfois par le symbole qu'ils représentent que par leurs conséquences immédiates, nous ne cessons pas de le vérifier.

Le 20 septembre, Valmy apportait une première victoire à la jeune armée de la nation française.

Le 21 septembre la République était proclamée.

Eh bien oui, Kellerman avait raison : « *Vive la Nation !...* »

Aux accents de *La Marseillaise*

Avant de devenir l'hymne national de la République française, ce chant est entré dans l'histoire de notre pays par une sorte de vote populaire. L'aventure de *La Marseillaise* mêle si bien l'histoire et la légende qu'on ne sait plus très bien où est la vérité.

Ce qui est certain, c'est l'extraordinaire popularité de cette musique-là. Une sorte de Déclaration des Droits de l'Homme musicale, chantée dans le monde entier, parfois dans un esprit très différent de celui de son origine, mais le plus souvent associée à la liberté, à la lutte pour le progrès social et les droits des hommes.

Michelet, le chantre de la Révolution Française du XIXe siècle ne s'y est pas trompé :

L'Hymne national

« *Il fut donné à la grande âme de la France, en son moment désintéressé et sacré, de trouver un chant — un chant qui, répété de proche en proche, a gagné toute la terre (...). Il fut trouvé à Strasbourg, à deux pas de l'ennemi (...). Il ne lui fallut pas deux mois pour pénétrer toute la France. Il alla frapper au fond du Midi, comme par un violent écho, et Marseille répondit au Rhin. Sublime destinée de ce chant ! Il est chanté par des Marseillais à l'assaut des Tuileries, il brise le trône au 10 août. On l'appelle* La Marseillaise. »

Jules Michelet, *Histoire de la Révolution Française* (1853)

Difficile après cela de rappeler des faits car tout est dit par Michelet, l'histoire et la légende.

Composé par Rouget de Lisle, capitaine du Génie, à Strasbourg en avril 1792, chanté chez Dietrich, maire de la ville et patriote (qui émigre après la chute de la royauté), c'est vrai que voilà le *Chant de guerre de l'armée du Rhin,* chanté par les volontaires marseillais lors de l'assaut des Tuileries le 10 août 1792 et immédiatement repris par le peuple de Paris qui l'appelle « *La Marseillaise* ».

Bien avant le 14 juillet 1795 qui en fait le « *Chant national* », elle l'est par la volonté du peuple.

Elle le redeviendra après la création de la 3e République le 14 février 1879.

Sa musique a été orchestrée par Hector Berlioz, puis par Ambroise Thomas.

Son texte n'a pas varié, mais la dernière strophe qui n'a pas été écrite par Rouget de Lisle, appelée aussi « *Le couplet des enfants* », attribuée à Marie-Joseph Chénier, à tort semble-t-il, est revendiquée par Louis du Bois et par l'abbé Antoine Pessonneaux.

Et Rouget de Lisle ? Il avait trente-deux ans quand il composa *La Marseillaise* et il mourut en 1836 à Choisy-le-

Roi. Sauvé de justesse de la guillotine par le 9 Thermidor, il a écrit de nombreuses œuvres, chants politiques, mélodies, opéras, sans jamais retrouver le succès de sa *Marseillaise;* mais avec elle n'est-il pas assuré de l'immortalité !

Alors, si un jour les couplets de cette chanson te semblent démodés, rappelle-toi que tout un peuple s'est reconnu dans cette musique : elle parlait le langage de son temps et il t'arrivera peut-être de retrouver ce frémissement des gens de 1792, comme nous l'avons retrouvé aux jours les plus sombres de l'occupation nazie entre 1940 et 1945.

Ça n'arrive pas si souvent dans l'histoire qu'une chanson fasse le tour du monde pour aider à le changer. C'est arrivé par deux fois à la France à un siècle d'intervalle.

Chant de guerre pour l'armée du Rhin

Allons enfants de la patrie,
Le jour de gloire est arrivé.
Contre nous de la tyrannie,
L'Étendard sanglant est levé. (*bis*)
Entendez-vous dans les campagnes
Mugir ces féroces soldats,
Ils viennent jusque dans vos bras
Égorger vos fils, vos compagnes.

Refrain.

Aux armes, citoyens !
Formez vos bataillons !
Marchez, marchez,
Qu'un sang impur
Abreuve nos sillons.

Que veut cette horde d'esclaves,
De traîtres, de rois conjurés ?
Pour qui ces ignobles entraves,
Ces fers dès longtemps préparés ? (*bis*)
Français, pour nous, ah ! quel outrage,
Quels transports il doit exciter ?
C'est nous, qu'on ose méditer
De rendre à l'antique esclavage ! (*Refrain.*)

Quoi, des cohortes étrangères
Feraient la loi dans nos foyers ?
Quoi, des phalanges mercenaires
Terrasseraient nos fiers guerriers ? (*bis*)
Grand Dieu !... Par des mains enchaînées,
Nos fronts sous le joug ploieraient,
De vils despotes deviendraient
Les maîtres de nos destinées ? (*Refrain.*)

Tremblez, tyrans ! et vous perfides
L'opprobre de tous les partis,
Tremblez !... vos projets parricides
Vont enfin recevoir leur prix. (*bis*)
Tout est soldat pour vous combattre.
S'ils tombent, nos jeunes héros,
La terre en produit de nouveaux
Contre vous tous prêts à se battre. (*Refrain.*)

Français ! en guerriers magnanimes
Portez ou retenez vos coups,
Épargnez ces tristes victimes
A regret s'armant contre nous. (*bis*)
Mais le despote sanguinaire,
Mais les complices de Bouillé,
Tous ces tigres qui, sans pitié,
Déchirent le sein de leur mère. (*Refrain.*)

Amour sacré de la patrie
Conduis, soutiens nos bras vengeurs.
Liberté, liberté chérie
Combats avec tes défenseurs. (*bis*)
Sous nos drapeaux, que la victoire
Accoure à tes mâles accents,
Que tes ennemis expirants
Voient ton triomphe et notre gloire ! (*Refrain.*)

La Convention gouverne

La Convention prend le pouvoir dans une période difficile.

La guerre fait rage aux frontières, le procès du roi est un double défi : à l'Europe coalisée contre la France, à une opposition à la fois politique et religieuse qui se renforce des modérés inquiets des développements de la Révolution.

L'opposition Gironde-Montagne

N'imagine pas la Convention sous les aspects de l'Assemblée nationale actuelle. Les trois groupes qui rassemblent les députés ne sont pas des partis politiques au sens moderne du mot.

Si on excepte le Centre, ce « *Marais* » ou ce « *Ventre* » comme disent ses ennemis, qui oscille suivant les circonstances, quelles divergences politiques séparent les Girondins des Montagnards ?

En gros *les Girondins* regroupent tous ceux qui pensent la Révolution achevée. Le 10 août, la chute de la royauté, c'est pour eux, le point limite, aller plus loin c'est tomber dans la destruction de l'État, dans le désordre, l'anarchie.

Pour *les Montagnards,* d'origine aussi bourgeoise que les Girondins, l'appui des sans-culottes, des insurgés du 10 août est indispensable pour achever la Révolution. Il faut donc les intéresser à ses conquêtes en écoutant leurs revendications.

La bataille entre les deux tendances va se livrer sur la place de Paris (la ville des sans-culottes) et son rôle dans la conduite des affaires. Élus par Paris, les Montagnards se veulent les porte-parole de la capitale. Rejetés par Paris et élus par la province, les Girondins veulent réduire l'influence de la capitale.

Autre conflit à propos de l'économie : les Girondins, liés aux milieux financiers veulent la « liberté économique » et la « liberté de propriété » sans restriction. Les Montagnards, sensibles aux difficultés des petites gens, victimes de la crise des approvisionnements et de la spéculation, sont prêts à accepter la taxation des denrées et les restrictions à la liberté de propriété.

S'ajoutent à cela des rivalités de personnes, des haines comme celle de Mme Roland contre Danton, des intérêts financiers et des trafics. La situation n'a rien de simple.

La Gironde dirige la Convention

En fait, les chefs de la Gironde dirigent la Convention pendant toute la période qui va de septembre 1792 à mai 1793.

Leur principal succès sera de mener la guerre, on peut dire « leur » guerre, car ils l'ont voulue.

Guerre de la liberté, visant à porter la Révolution à travers toute l'Europe, puis, sous la pression des difficultés économiques et politiques, guerre d'annexion « *jusqu'aux limites posées à la République par la main de la nature* ».

C'est une vieille idée politique, celle des frontières naturelles : les mers, les Pyrénées, les Alpes, le Rhin. Mais on la complète de la confiscation des biens des privilégiés.

Contrainte et forcée, la Gironde fait à Louis XVI son procès, le laisse condamner à mort et l'exécute.

Tous ces événements sont l'occasion de violents affrontements entre Montagnards et Girondins.

Quand, après la défaite de Neerwinden (18 mars 1793), les armées coalisées de l'Autriche, de la Prusse, de l'Espagne, du Portugal, des Royaumes italiens et de la Russie se retrouvent aux côtés de l'Angleterre et de la Hollande contre la France, les Girondins perdent l'avantage politique de la guerre victorieuse.

Le 10 mars 1793, la Vendée se révolte.

A Paris, le manque d'approvisionnement, la hausse des prix exaspèrent la population ; à l'Assemblée, la bataille des mesures de Salut Public s'engage. Les Girondins s'y opposent.

La chute des Girondins

Les Girondins essaient de s'appuyer sur le Marais pour vaincre les Montagnards.

Le 13 avril, ils accusent Marat devant le Tribunal Révolutionnaire. Marat est acquitté triomphalement.

En mai, ils attaquent la Commune de Paris et Hébert, substitut du procureur, idole des sans-culottes.

Isnard, député girondin président de la Convention menace Paris de destruction le 25 mai.

Le 31 mai Paris est en armes.

Le dimanche 2 juin, 100 000 Parisiens assiègent la Convention avec la garde nationale et ses canons dirigés par Hanriot. Vingt-neuf députés girondins, arrêtés en séance, sont consignés à leur domicile.

Les chefs en prison, la Gironde perd la direction de l'action, malgré quelques troubles en province.

« Le gouvernement sera révolutionnaire jusqu'à la paix »

Le 3 juin 1793 le désastre est aux portes

Jamais peut-être la situation n'a été aussi dramatique que ce 3 juin 1793.

Aux frontières

La route de Paris est ouverte après la prise de Condé et de Valenciennes par les Autrichiens et les Anglais.

Les Espagnols entrent en Roussillon, au Sud.

Les Piémontais sont en Savoie.

Les Autrichiens et les Prussiens sont devant Mayence et entrent en Alsace.

A l'intérieur

La Bretagne, la Normandie, la Franche-Comté font sécession après la chute des Girondins.

Lyon, le Midi provençal sont aux mains des royalistes.

Toulon ouvre son port à une escadre anglaise.

La Vendée est en pleine révolte, les Vendéens vont prendre Saumur et Angers et parlent de marcher sur Paris.

La population parisienne souffre de disette, des troubles éclatent sur les marchés.

Les hommes de la Convention et au premier rang les Montagnards vont faire face et sauver la Révolution.

Le gouvernement révolutionnaire

La Constitution de 1793 donne le pouvoir au peuple :

— Assemblée élue pour un an au suffrage universel.

— Ratification des lois par référendum.

— Large autonomie départementale et locale.

La situation ne permettant pas qu'on l'applique immédiatement la Convention organise « *jusqu'à la paix* » le gouvernement révolutionnaire.

> « *Ce qui constitue la République, c'est la destruction totale de ce qui lui est opposé.* »
>
> Saint-Just

Trois institutions constituent le pouvoir révolutionnaire :

— Le Comité de Salut Public

Créé le 6 avril 1793 avec Danton à sa tête, il ne prendra tout son pouvoir qu'à partir de juillet 1793.

Douze membres dont Robespierre et Saint-Just. Certains des députés ont des responsabilités particulières : Carnot à la guerre, Jean Bon-Saint-André à la marine, Barère à la diplomatie.

Seules les finances et une partie de la police échappent à ce super-gouvernement auquel doivent obéir même les ministres.

— *Le Comité de Sûreté Générale* s'occupe de tout ce qui concerne la police et la sécurité.

— *Les Représentants en Mission,* conventionnels, chargés de mission aux armées ou en province, par groupes de deux, sont dotés des pleins pouvoirs.

L'œuvre de la Convention Montagnarde

La guerre gagnée

L'ennemi est d'abord arrêté partout, puis l'armée passe à l'offensive.

Les révoltes intérieures maîtrisées

L'armée girondine battue en Normandie, les provinces rentrent dans la République.

Les chefs girondins sont guillotinés (octobre-novembre 1793).

La Vendée est vaincue grâce aux troupes de Kléber.

La situation financière améliorée

Création du Grand Livre de la Dette Publique (24 août 1793).

Emprunt sur les riches.

Mise en ordre de l'administration.

Le dirigisme de l'économie ne réussit que partiellement

Fin juillet loi contre les accapareurs (spéculateurs sur les vivres).

29 septembre. Maximum général (taxation de toutes les denrées et des salaires).

Mais la politique sociale reste timide et peu appliquée

Vente des biens nationaux par petits lots (favorise les paysans aisés).

Lois de Ventôse (février-mars 1794) : distribution des terres des émigrés aux indigents (non appliquée).

La Terreur

La peur de la trahison court à travers toute la Révolution.

Elle est à l'origine des mesures de répression connues sous le nom de « *Terreur* ».

Cette Terreur a une base légale : « *La loi des suspects* » du 17 septembre 1793 qui élargit le terme de *suspect* et permet les arrestations arbitraires ; elle a une arme, la guillotine, et deux moyens d'action :

A Paris, le *Tribunal Révolutionnaire* dirigé par Fouquier-Tinville ; il dépend des Comités de la Convention et rend des sentences sans appel.

En province, où les représentants en mission sont maîtres de l'application de la Terreur. D'où des excès comme ceux de Carrier à Nantes ou de Fouché à Lyon (Fouché sortira indemne de la Révolution et deviendra le ministre de la police de Napoléon).

Sans doute les excès de la Terreur ont-ils été largement exploités par les ennemis de la Révolution. Ils passent par contre volontiers sous silence la répression des révoltes paysannes par la monarchie ou même magnifient les assassinats de révolutionnaires par les royalistes. Il nous est cependant bien difficile de porter un jugement objectif sur cette période.

La Montagne se déchire

Cependant, c'est bien autour de la Terreur que va se déchaîner la mise en cause de la politique de la Convention, incarnée, peut-être malgré eux, par des hommes comme Robespierre et Saint-Just.

Les « *Indulgents* », c'est le nom qu'on donne aux amis de Camille Desmoulins et de Danton, réclament la Paix, la fin de la Terreur, le retour à plus de liberté.

Les « *Hébertistes* », au contraire, s'appuient sur les sans-culottes, la Commune, le Club des Cordeliers, ils veulent plus de rigueur, attaquent Robespierre et menacent de déclencher une insurrection.

Le Comité de Salut Public se débarrasse d'abord des Hébertistes arrêtés et guillotinés le 24 mars 1794.

Puis c'est le tour des Indulgents avec Desmoulins et Danton exécutés le 5 avril.

Les Montagnards ne s'affaiblissent-ils pas eux-mêmes ?

Et à travers eux, la Révolution ?

Thermidor
ou la victoire des coquins

A la fin du mois de juillet 1793, la situation à Paris et dans l'Assemblée est très complexe.

Depuis le 8 juin, fête de l'*Être Suprême,* où Robespierre est apparu comme une sorte de grand-prêtre de la nouvelle religion, la Convention reste troublée par les diverses exécutions qui ont frappé ses membres. Beaucoup sont las de cette tension perpétuelle à l'extérieur comme à l'intérieur.

Quelques Conventionnels, parmi les plus acharnés à accomplir leurs missions avec rigueur et parfois avec cruauté, sont aussi des hommes d'argent, des trafiquants qui utilisent leurs fonctions pour s'enrichir. Ils s'opposent à Robespierre et à Saint-Just, à leurs amis peu tendres avec les trafiquants de tout genre, soupçonnant ceux qui s'enrichissent de vouloir arrêter le cours de la Révolution. Barras, Tallien, Fouché se sentent visés, surtout quand on ordonne l'arrestation de Thérésa Cabarrus, future Madame Tallien.

Dans les sections, les sans-culottes sont désorientés par les difficultés économiques, par l'impression de déchirement que donne la Convention. Pour beaucoup de commerçants et d'artisans, la taxation des denrées (*Maximum*) est néfaste au commerce, ils réclament la liberté économique et le profit libre. Pour les plus pauvres, et ils sont nombreux, ils acceptent bien le Maximum pour les prix, mais refusent le blocage des salaires.

La « *Loi de Prairial* » (10 juin 1794) devait inquiéter tout le monde. Les survivants des Girondins et des amis de Danton se sentent visés à nouveau. Cette « *Grande Terreur* » doit, pour Saint-Just et Robespierre, permettre d'en finir une fois pour toutes avec les ennemis de la Révolution, profiter des succès militaires pour en finir aussi avec la nécessité de la Terreur. Mais les lois de Prairial attaquent les « coquins ». On sait que Robespierre accuse certains représentants en mission d'avoir « *abusé des principes révolutionnaires* », Tallien, Barras, Carrier, Fouché se sentent menacés, ils ont peur pour leur vie. Déjà, des assassins sont plus ou moins suscités pour éliminer Robespierre. Admiral guette Robespierre, ne le croise pas, tire sur Collot d'Herbois qu'il rate (3 Prairial-22 mai 1794). Le 4 Prairial au soir, on arrête Cécile Renault venue chez Robespierre avec un couteau et un canif. Robespierre, sans doute au courant, attaque à la Convention le 7 Prairial (26 mai 1794).

> « Voulez-vous savoir quels sont les ambitieux ? Examinez quels sont ceux qui protègent les fripons, qui encouragent les contre-révolutionnaires, qui excusent tous les attentats, qui méprisent la vertu, qui corrompent la morale publique... »

Et il continue ses attaques avec violence tandis que ses ennemis lancent et font lancer contre lui et ses amis l'accusation de dictature.

Robespierre, sans doute découragé, se retire et se réfugie aux Jacobins, tandis que Fouquier-Tinville multiplie les exécutions tout en négociant avec les adversaires de Robespierre. Ces nouvelles mesures de Terreur accentuent la lassitude de la population qui en rend Robespierre et ses amis responsables. Robespierre se tait.

Le 8 Thermidor (26 juillet 1794), à l'Assemblée, Robespierre démonte la manœuvre de ceux qui « rendent odieux le Tribunal Révolutionnaire pour préparer sa destruction ». La séance se déroule sur un ton dramatique, ceux que Robespierre accuse contre-attaquent. Sommé de donner des noms, Robespierre refuse et l'Assemblée ne le suit plus.

Aux Jacobins, le soir, Robespierre contrôle encore la situation, mais dans la nuit les « coquins » attaqués par Robespierre se trouvent des alliés pour l'empêcher de parler à la séance du lendemain, le 9 Thermidor (27 juillet 1794). Quand Robespierre qui n'a pu se faire entendre descend de la tribune il dit : « *La République est perdue, les brigands triomphent.* » Robespierre et ses amis sont arrêtés…

La Commune va-t-elle le sauver ? Hanriot essaie de délivrer les prisonniers, il est arrêté à son tour. Les Jacobins et la Commune réagissent, délivrent Hanriot, encerclent l'Assemblée et ramènent Hanriot à l'Hôtel de Ville. L'Assemblée, libérée du siège, ameute les troupes composées de bourgeois modérés et d'ennemis de Robespierre, elle décide la mise hors-la-loi de Robespierre et des siens.

Par trahison, les troupes de Barère peuvent pénétrer dans l'Hôtel de Ville. Lebas se suicide, Robespierre veut en faire autant, mais se fracasse la mâchoire, son frère se jette par la fenêtre. Robespierre et les vingt-deux survivants de ses partisans sont guillotinés le lendemain, soixante-dix membres de la Commune sont exécutés deux jours plus tard.

Les ouvriers, les salariés pour lesquels Saint-Just et Robespierre avaient rêvé d'une République égalitaire, sans riches ni pauvres, ne suivent plus la Commune.

La Révolution française de 1789, celle de la bourgeoisie, n'ira pas plus loin, et le grand rêve de l'égalité des chances allait devenir, pour longtemps, le symbole de la recherche du bonheur.

Le règne des « coquins » commence pour de longues années...

A la domination de la naissance et de l'argent se substitue celle de l'argent et des trafics en tous genres. Les coquins respirent — ce qu'ils appellent « liberté » n'est que le pâle reflet des rêves de 1793...

Peut-être était-il trop tôt dans l'histoire !...

*

De Thermidor à Brumaire

Il va s'en passer des choses après la disparition tragique des Montagnards les plus révolutionnaires !

On a fermé le Club des Jacobins, et ceux qui avaient senti sur leur cou le froid de la guillotine se sentent soulagés. On va enfin pouvoir profiter tranquillement de tout ce que l'on a plus ou moins honnêtement gagné. Une insurrection jacobine est écrasée le 20 mai 1795 (1er Prairial).

Jusqu'à sa fin (26 octobre 1795), la Convention va essayer de naviguer entre les périls. On se méfie des Jacobins et de tous ceux qui peuvent leur ressembler comme Babeuf (v. p. 111). Voyant cela, les royalistes relèvent la tête, « la *jeunesse dorée* », c'est-à-dire les jeunes riches, nobles quelquefois, mais surtout bourgeois enrichis, font la chasse aux Jacobins, les molestent ou les exécutent, à Paris ou en province. La police et l'armée ne disent rien.

En Vendémiaire (5 et 6 octobre 1795), Barras, le chef de l'État, se fait aider de Bonaparte, un jeune général vainqueur en Italie qui, avec l'armée, arrête une insurrection royaliste.

Les anciens Jacobins tentent de se réorganiser, ils créent un club, ils essaient de conspirer comme Babeuf et ses amis.

Le Directoire mis en place, c'est toujours la même politique. Le gouvernement cherche à durer malgré la crise économique. Heureusement pour lui, en Italie, Bonaparte gagne bataille sur bataille et bientôt toute l'Italie tombe sous le contrôle de l'armée française. On parle de plus en plus de Bonaparte à Paris et on commence à oublier qu'il a été, à une période récente, très proche des Jacobins.

Les années 1797-1798-1799 sont marquées par de nombreux coups d'État. Quand les électeurs, pourtant très peu nombreux, votent royaliste, on casse les élections (4 septembre 1797). Si la majorité ne plaît pas aux Directeurs elles sont aussi cassées (11 mars 1798). Et si les électeurs semblent vouloir aller trop vers les Jacobins, la répression stoppe le mouvement.

La politique est bien confuse et les citoyens sont las de ces dix années de Révolution.

De plus, la situation économique est mauvaise.

En septembre 1797, on réduit la valeur de la monnaie des deux tiers. Un peu comme si chaque billet de 100 F d'aujourd'hui ne valait plus que 33 F demain matin. Tu vois la tête des gens. Ceux qui ont des terres, des maisons, de l'or, ne perdent rien, au contraire, mais les autres !

C'est une période dure pour les pauvres gens, les travailleurs qui n'ont que leurs bras.

Mais en même temps des fortunes s'édifient, des ateliers s'organisent, on fabrique, on améliore les procédés de travail. On a même l'idée de parler de tout cela dans une « *Exposition Industrielle* » qui se tient au Champ-de-Mars. Non, d'accord, il n'y a pas encore la Tour Eiffel ! Elle sera là un siècle plus tard pour une autre exposition, elle aussi au Champ-de-Mars ! Oui, comme la Fête de la Fédération en 1790, mais aussi comme les fusillades de 1791. C'est ça Paris, quand on parle de la Révolution, il nous fait toujours signe...

Et Bonaparte ? En mai 1798, le voilà en Égypte. Il a l'intention de gêner les Anglais. Vainqueur sur terre, il se fait détruire tous ses bateaux par Nelson à Aboukir. Les Anglais prennent l'initiative d'une alliance, une nouvelle coalition des États européens contre la France. Bonaparte est cloué en Égypte. Plus de bateau, pas de moyen pour ramener l'armée. Du côté de la Palestine on lui résiste et il n'avance plus. Les courriers arrivent toujours et Bonaparte a des amis en France qui seraient bien heureux de l'avoir sous la main. Bonaparte rentre, abandonnant ses soldats à une fin lamentable.

Il rentre. C'est le désordre et certains pensent à l'utiliser pour prendre le pouvoir.

Il accepte, il prend le pouvoir... pour lui.

La Révolution est terminée.

Babeuf et « les Égaux »

Pendant très longtemps Babeuf a été, comme Marat, la terreur des gens aisés, des bourgeois. Pour eux c'était une sorte de monstre assoiffé de sang et surtout un « partageux », c'est-à-dire quelqu'un qui souhaite le partage des terres et des fortunes. Et les bourgeois de la fin de la Révolution et du XIXe siècle ne veulent pas en entendre parler.

Babeuf est né en Picardie, en 1760, il connaît bien le droit fiscal et les questions de terrain. Il participe aux mouvements populaires en Picardie et, dès 1792, il est partisan de la « *Loi agraire* ». Souvent Robespierre et ses amis vont refuser cette loi agraire, réclamée surtout par les paysans pauvres qui veulent ainsi avoir une terre à eux et non pas remplacer le maître féodal par un nouveau maître, riche bourgeois ou noble. Emprisonné avant Thermidor, il sort peu avant la chute de Robespierre et fonde *Le Journal de la Liberté de la Presse,* changeant son prénom de Camille en celui de Gracchus, du nom des personnages présentés dans l'histoire romaine comme des amis du peuple (n'oublions pas combien les révolutionnaires ont aimé se comparer aux Romains de l'Antiquité qui leur servaient de modèles).

Déjà Babeuf en défendant la loi agraire fait partie du petit groupe des révolutionnaires qui veulent aller plus loin dans la construction d'une société nouvelle.

Il est aussi l'un des premiers à comprendre que le 9 Thermidor ce n'est pas la liberté qui a gagné, mais le

Quelques idées de Babeuf

— La nature a donné à chaque homme un droit égal à la jouissance de tous les biens.

*

— La nature a imposé à chacun l'obligation de travailler. Nul n'a pu sans crime se soustraire au travail.

*

— Il y a oppression quand l'un s'épuise par le travail et manque de tout, tandis que l'autre nage dans l'abondance.

*

— Nul n'a pu sans crime s'approprier exclusivement les biens de la Terre ou de l'industrie.

pouvoir des « coquins ». Comme il le crie et l'écrit, il connaît souvent la prison.

Arrêté pour avoir organisé une conjuration (celle dite « des égaux ») afin de soulever le peuple, dénoncé par des policiers, il est condamné à mort un an après en mai 1797. Il se suicide dans sa cellule.

Pourquoi parler autant de lui ? C'est qu'il est un des premiers à s'opposer à la propriété individuelle. Son ami Buonarrotti dira après lui, que la seule chose à faire c'est de donner aux hommes une parfaite égalité par une propriété commune de la terre et des produits du travail.

En ce sens, la *Conspiration des Egaux,* est la première tentative de mettre en place un pouvoir égalitaire « *communiste* », comme le réclament Babeuf et ses amis.

Babeuf et ses amis morts, la pensée de Babeuf va être reprise par de nombreux hommes politiques et révolutionnaires. Karl Marx ou Lénine, pour ne parler que d'eux comme créateurs du « communisme » ont étudié avec soin les écrits et l'action de Babeuf et des Babouvistes.

Babeuf, vaincu de la Révolution, mais aux idées toujours vivantes, c'est un peu le symbole d'une Révolution sans cesse en mouvement.

La Révolution secoue le vieux monde

Tout ce qu'on a appelé dans l'histoire « *Les Principes de 1789* » a parcouru l'Europe.

Paris avait déjà attiré plus d'un poète, d'un écrivain, d'un philosophe. Tout le XVIIIe siècle, celui des philosophes avait « éclairé » le monde au siècle des « *Lumières* ».

La Révolution commençante, puis victorieuse, fait de Paris la capitale des idées nouvelles, le lieu où se rassemblent « *les pèlerins de la liberté* ».

Dans les clubs, on rencontre des Allemands comme Georges Forster, des Anglais comme le poète Wordsworth, des Russes comme Karamzine, des Savoyards, des Suisses venus de divers cantons (ils ont même leur club).

Mais les idées franchissent les frontières, à la grande colère des souverains. On plante des « *Arbres de la liberté* » en Allemagne, on fête le 14 Juillet à Hambourg, tandis que les paysans de Saxe refusent le paiement des taxes.

Même en Angleterre, au moins au début de la Révolution, on voit des hommes de sciences comme Priestley, des hommes politiques comme Fox, des philosophes, des poètes, des écrivains, soutenir les idées de 1789.

Mais les aristocrates et les classes dirigeantes ne s'y trompent pas et reprennent vite la situation en main, aidés il faut le dire par les émigrés français présentant la Révolution comme l'œuvre d'une poignée de bandits.

Le Pape Pie VI la condamne nettement à partir de 1791, l'Espagne se protège de la « *peste française* » par un cordon de troupes.

Les Députés du genre humain

« Un Allemand du Rhin, Anarchasis Clootz, présenta à la barre de l'Assemblée une vingtaine d'hommes de toutes nations dans leurs costumes nationaux, Européens, Asiatiques. Il demanda en leur nom de pouvoir prendre part à la Fédération du Champ de Mars " au nom des peuples ", c'est-à-dire des légitimes souverains, partout opprimés par les rois. »

« La délégation comprenait des hommes d'Avignon, de Liège, de Savoie, de Belgique qui véritablement voulaient être Français. Elle comprenait des réfugiés d'Angleterre, de Prusse, de Hollande, d'Autriche, ennemis de leurs gouvernements qui, à ce moment même, conspiraient contre la France. »

*

« En Russie, dans cet empire du mystère et du silence, cette Bastille monstrueuse entre l'Europe et l'Asie, la nouvelle arrivait à peine que vous auriez vu des hommes de toutes nations crier, pleurer sur les places, ils se jetaient dans les bras l'un de l'autre, en se disant la nouvelle : " Comment ne pas pleurer de joie ? La Bastille est prise !... " »

Michelet, d'après le comte de Ségur.

« La France est l'enfant sur l'autel, et toute la terre alentour. Enfant commun des nations, en elle toutes se sentent unies, toutes s'associent de cœur à ses destinées futures, l'environnent d'inquiètes pensées, et de crainte et d'espérance... Il n'y en a pas une entre elles qui le voie sans pleurer.

Comme l'Italie pleurait ! et la Pologne ! et l'Irlande ! (Ah ! sœurs, rappelez-vous ce jour !...) Toute nation opprimée oubliant son esclavage au spectacle de cette jeune liberté, lui disant : " Je suis libre de toi !... " »

Michelet

Le siècle des révolutions

L'empire passé, avec ses aventures militaires, la société européenne dans son ensemble, essaie d'effacer la Révolution. Tout semble redevenu comme avant, si on s'en tient aux apparences.

On peut aussi remarquer à quel point Napoléon Ier, par l'organisation administrative, politique et sociale de la France, a développé certains aspects de la Révolution bourgeoise. Les modérés et quelques-uns des « coquins » ont largement été utilisés par le premier Empire.

Mais les apparences ne rendent pas compte de la réalité profonde de la vie.

En France, l'esprit républicain reste vivant au cœur des descendants des sans-culottes.

La grande bourgeoisie de son côté s'allie au fil des années aux descendants de l'aristocratie, la noblesse créée par Napoléon a rejoint la noblesse ancienne, mais beaucoup de gens moins riches et les ouvriers qui remplacent progressivement les artisans gardent présentes à l'esprit les grandes heures de la Révolution triomphante. A la légende de Napoléon, se mêle celle des soldats de l'An II et des sans-culottes.

La Révolution de 1830, si elle débouche encore sur une royauté, est faite par les Républicains contre le frère de Louis XVI, ce comte d'Artois devenu Charles X, qui avait en 1789 donné le signal de l'émigration. On se révolte au chant de *La Marseillaise* et en levant sur les barricades la flamme du drapeau tricolore. Le monument aux morts de la Révolution de 1830 sera très symboliquement élevé sur la place de la Bastille et le drapeau redevient tricolore.

Les émeutes qui secouent le règne de Louis-Philippe sont toutes des répétitions des journées parisiennes de la Révolution. Gavroche, le gamin de Paris que Victor Hugo dépeint au cours de l'une de ces émeutes, chante une chanson née de 1789 :

« *Je suis tombé par terre,*
C'est la faute à Voltaire,
Le nez dans le ruisseau,
C'est la faute à Rousseau... »

Les révolutionnaires de l'époque, Blanqui ou Raspail se réclament des idées de 1789 et la « Liberté » qu'ils revendiquent est bien celle de la liberté politique, du suffrage universel et de la République.

Cette République, elle va renaître de la Révolution de 1848, avec son décor de crise économique, elle prend symboliquement le numéro 2, se proclamant héritière de la première, celle de l'An I. Avec elle, les revendications de la Révolution populaire reviennent : droit au travail, suffrage universel. Mais la grande bourgeoisie veille, elle tient les banques, les mines, les usines, elle fait appel au neveu de Napoléon Ier, celui que Victor Hugo appellera *Napoléon le Petit.* Le 2 décembre 1851, la 2e République est renversée par le Président de la République lui-même, qui, élu au suffrage universel, avait pourtant prêté serment.

Les grands écrivains romantiques vont pour la plupart être des admirateurs de la Révolution. Un historien, Michelet, écrit une monumentale *Histoire de la Révolution française,* le poète Lamartine compose une *Histoire des Girondins,* Balzac écrit *Les Chouans* et Victor Hugo *Quatre-Vingt-Treize.* De nombreux poèmes, des gravures

David :
Le serment du Jeu de Paume. (Louvre, Cabinet des dessins).

Les premiers fuyards. (Bibliothèque Nationale).

Prieur : Prise de la Bastille. (Louvre).

Marche des femmes de Paris sur Versailles
le 5 octobre 1789. (Carnavalet).

Lat.

DÉCLARATION DES DROITS DE L'HOMME ET DU CITOYEN

Le Peuple français convaincu que l'oubli et le mépris des droits naturels de l'home ſont les ſeules cauſes des malheurs du monde, a réſolu d'expoſer dans une déclaration ſolemnelle ces droits ſacrés et inaliénables, afin que tous les citoyens, pouvant comparer ſans ceſſe les actes du gouvernement avec le but de toute inſtitution ſociale, ne ſe laiſſent jamais opprimer et avilir par la tyrannie; afin que le peuple ait toujours devant les yeux les baſes de ſa liberté, de ſon bonheur, le magiſtrat la règle de ſes devoirs, le légiſlateur l'objet de ſa miſſion.

En conſéquence il proclame, en préſence de l'Etre ſuprême la déclaration ſuivante des droits de l'homme et du citoyen

ART. 1er Le but de la ſociété eſt le bonheur commun.
Le gouvernement eſt inſtitué pour garantir à l'homme la jouiſſance de ſes droits naturels et impreſcriptibles.

II. Ces droits ſont l'égalité, la liberté, la sûreté, la propriété.

III Tous les hommes ſont égaux par la nature et devant la loi.

IV. La loi eſt l'expreſſion libre et ſolemnelle de la volonté générale; elle eſt la même pour tous, ſoit qu'elle protège, ſoit qu'elle puniſſe; elle ne peut ordonner que ce qui est juſte et utile à la ſociété; elle ne peut deffendre que ce qui lui eſt nuiſible.

V. Tous les citoyens ſont également admiſſibles aux emplois publics. Les peuples libres ne connoiſſent d'autres motifs de préférence dans leurs élections que les vertus et les talens.

VI. La liberté eſt le pouvoir qui appartient à l'homme de faire tout ce qui ne nuit pas aux droits d'autrui: elle à pour principe, la nature; pour règle la juſtice; pour ſauve-garde, la loi; ſa limite morale eſt dans cette maxime, *ne fais à un autre ce que tu ne veux pas qu'il te soit fait*.

VII. Le droit de manifeſter ſa penſée et ſes opinions, ſoit par la voie de la preſſe, ſoit de toute autre manière le droit de s'aſſembler paiſiblement le libre exercices des cultes ne peuvent être interdits.

La néceſſité d'énoncer ces droits ſuppoſe ou la préſence, ou le ſouvenir récent du deſpotiſme.

VIII La sûreté conſiſte dans la protection accordée par la ſociété à chacun de ſes membres, pour la conſervation de ſa perſonne, de ſes droits et de ſes propriétés.

IX. La loi doit protéger la liberté publique et individuelle contre l'oppreſſion de ceux qui gouvernent.

X Nul ne doit être accuſé, arrêté, ni détenu, que dans les cas déterminés par la loi et ſelon les formes qu'elle à preſcrites; tout citoyen appellé ou ſaiſi par l'autorité de la loi doit obéir à l'inſtant; il ſe rend coupable par la réſiſtance.

XI. Toute acte exercé contre un homme hors des cas et ſans les formes que la loi détermine, eſt arbitraire et tyrannique; celui contre lequel on voudroit l'exécuter par la violence à le droit de le repouſſer par la force.

XII. Ceux qui ſolliciteroient, expédieroient, ſigneroient, exécuteroient ou feroient exécuter des actes arbitraires, ſont coupables et doivent être punis.

XIII. Tout homme étant préſumé innocent juſqu'à ce qu'il ait été déclaré coupable; s'il est jugé indiſpenſable de l'arrêter, toute rigueur qui ne feroit pas néceſſaire pour s'aſſurer de ſa perſonne, doit être ſévèrement réprimée par la loi.

XIV. Nul ne doit être jugé ni puni, qu'après avoir été entendu ou légalement appelé, et qu'en vertu d'une loi promulguée antérieurement au délit. La loi qui puniroit des délits commis avant qu'elle exiſtat, feroit une tyrannie: l'effet retroactif donné à la loi feroit un crime.

XV. La loi ne doit decerner que des peines strictement et évidemment néceſſaires: les peines doivent être proportionnées au délit et utiles à la ſociété.

XVI Le droit de propriété eſt celui qui appartient à tout citoyen de jouir et de diſpoſer à ſon gré de ses biens, de ſes revenus, du fruit de ſon travail et de ſon induſtrie.

XVII. Nul genre de travail, de culture, de commerce, ne peut être interdit à l'induſtrie des citoyens.

XVIII. Tout homme peut engager ſes ſervices, ſon tems; mais il ne peut ſe vendre ni être vendu. Sa perſonne n'est pas une propriété aliénable. La loi ne reconnoit point de domeſticité; il ne peut exiſter qu'un engagement de ſoins et de reconnoiſſance entre l'homme qui travaille et celui qui l'emploie.

XIX. Nul ne peut être privé de la moindre portion de ſa propriété, ſans ſon conſentement, ſi ce n'eſt lorsque la néceſſité publique légalement conſtatée l'exige, et ſous la condition d'une juſte et préalable indemnité.

XX. Nulle contribution ne peut être établie que pour l'utilité générale. Tous les citoyens ont droit de concourir à l'établiſſement des contributions, d'en ſurveiller l'emploi, et de s'en faire rendre compte.

XXI. Les ſecours publics ſont une dette ſacrée. La ſociété doit la ſubſiſtance aux citoyens malheureux, ſoit en leur procurant du travail, ſoit en aſſurant les moyens d'exiſter à ceux qui ſont hors d'état de travailler.

XXII. L'inſtruction eſt le beſoin de tous. La ſociété doit favoriſer de tout ſon pouvoir les progrès de la raiſon publique et mettre l'inſtruction à la portée de tous les citoyens.

XXIII. La garantie ſociale conſiſte dans l'action de tous, pour aſſurer à chacun la jouiſſance et la conſervation de ſes droits; cette garantie repoſe ſur la ſouveraineté nationale.

XXIV. Elle ne peut exiſter, ſi les limites des fonctions publiques ne ſont pas clairement déterminées par la loi, et ſi la responsabilité de tous les fonctionnaires n'eſt pas aſſurée.

XXV. La ſouveraineté réſide dans le peuple. Elle eſt une et indiviſible impreſcriptible et inaliénable.

XXVI. Aucune portion du peuple ne peut exercer la puiſſance du peuple entier; mais chaque ſection du ſouverain aſſemblée doit jouir du droit d'exprimer ſa volonté avec une entière liberté.

XXVII. Que tout individu qui uſurperoit la ſouveraineté ſoit à l'inſtant mis à mort par les hommes libres.

XXVIII. Un peuple à toujours le droit de revoir, de reformer et de changer ſa conſtitution. Une génération ne peut aſſujétir à ſes lois les générations futures.

XXIX. Chaque citoyen à un droit égale de concourir à la formation de la loi, et à la nomination de ſes mandataires ou de ſes agens.

XXX. Les fonctions publiques ſont eſſentiellement temporaires; elles ne peuvent être conſidérées comme des diſtinctions ni comme des récompenſes, mais comme des devoirs.

XXXI. Les délits des mandataires du peuple et de ſes agens ne doivent jamais être impunis. Nul n'a le droit de ſe prétendre plus inviolable que les autres citoyens.

XXXII. Le droit de préſenter des pétitions aux dépoſitaires de l'autorité publique, ne peut, en aucun cas, être interdit, ſuspendu ni limité.

XXXIII. La réſiſtance à l'oppreſſion eſt la conſéquence des autres droits de l'homme.

XXXIV Il y a oppreſſion contre le corps ſocial, lorſqu'un ſeul de ſes membres eſt opprimé. Il y a oppreſſion contre chaque membre, lorſque le corps ſocial eſt opprimé.

XXXV Quand le gouvernement viole les droits du peuple, l'inſurrection eſt pour le peuple, et pour chaque portion du peuple, le plus ſacré des droits et le plus indiſpenſable des devoirs.

Signé COLLOT-D'HERBOIS *Préſident* *DURAND MAILLANE, DUCOS, MEAULLE, CH. DELACROIX, GOSSUIN, P.A. LALOY, Secretaires*

A PARIS, chez les Citoyens, Eſnauts *et* Rapilly *rue S. Jacques, à la Ville de Coutances.* N°. 259.

(Bibliothèque Nationale).

(Bibliothèque Nationale).

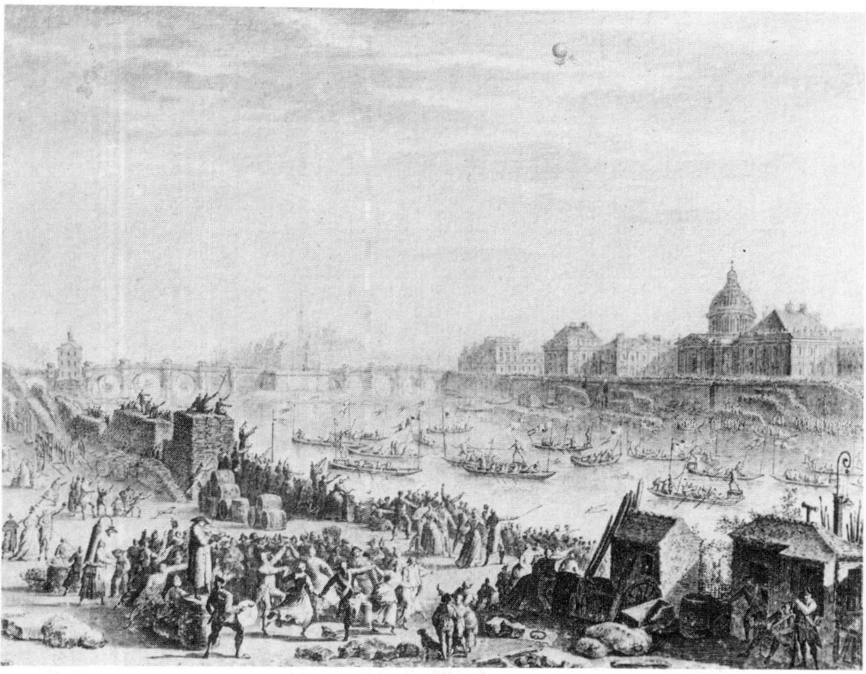

Prieur : Fête de la Fédération. Réjouissances et joûtes sur l'eau. 18 juillet 1790.

Journaux révolutionnaires.
(Bibliothèque Nationale).

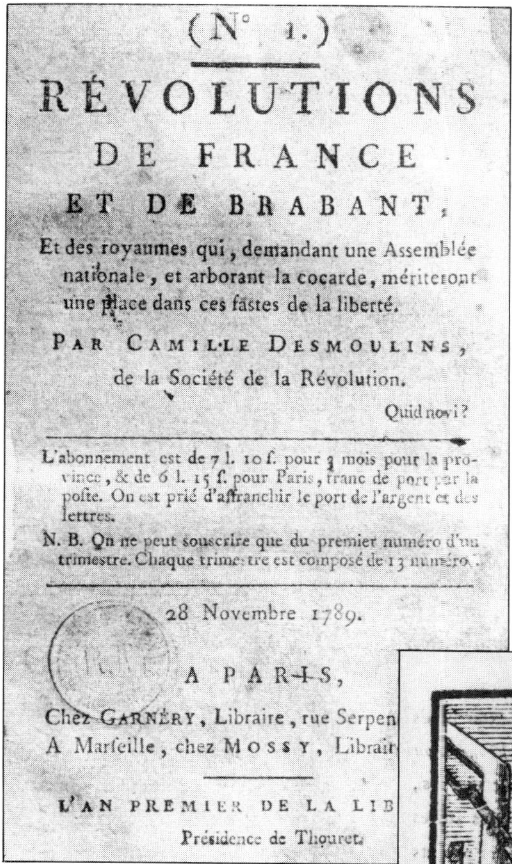

(N° 1.)

RÉVOLUTIONS
DE FRANCE
ET DE BRABANT,

Et des royaumes qui, demandant une Assemblée nationale, et arborant la cocarde, mériteront une place dans ces fastes de la liberté.

PAR CAMILLE DESMOULINS,
de la Société de la Révolution.

Quid novi?

L'abonnement est de 7 l. 10 ſ. pour 3 mois pour la province, & de 6 l. 15 ſ. pour Paris, franc de port par la poste. On est prié d'affranchir le port de l'argent et des lettres.

N. B. On ne peut souscrire que du premier numéro d'un trimestre. Chaque trimestre est composé de 13 numéro[s].

28 Novembre 1789.

A PARIS,

Chez GARNERY, Libraire, rue Serpen[te]
A Marſeille, chez MOSSY, Librair[e]

L'AN PREMIER DE LA LIB[ERTÉ]
Présidence de Thouret.

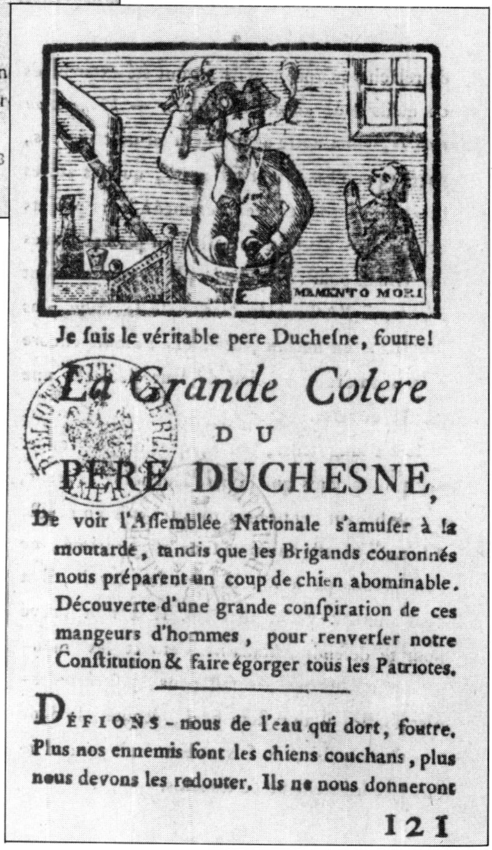

Je ſuis le véritable pere Ducheſne, foutre!

La Grande Colere
DU
PERE DUCHESNE,

De voir l'Aſſemblée Nationale s'amuſer à la moutarde, tandis que les Brigands couronnés nous préparent un coup de chien abominable. Découverte d'une grande conſpiration de ces mangeurs d'hommes, pour renverſer notre Conſtitution & faire égorger tous les Patriotes.

DÉFIONS-nous de l'eau qui dort, foutre. Plus nos ennemis font les chiens couchans, plus nous devons les redouter. Ils ne nous donneront

121

(Carnavalet).

C. Benazech : La dernière entrevue de Louis XVI et sa famille. (Château de Versailles).

Danton (Carnavalet).

Mirabeau (Moreau le Jeune).

Saint-Just.

Robespierre.

Brissot
(par Duplessis. Bertrand.
Collection Marcel Robillard).

Marat (Bibliothèque Nationale)

Assignat de mille livres de 1790 (Collection particulière).

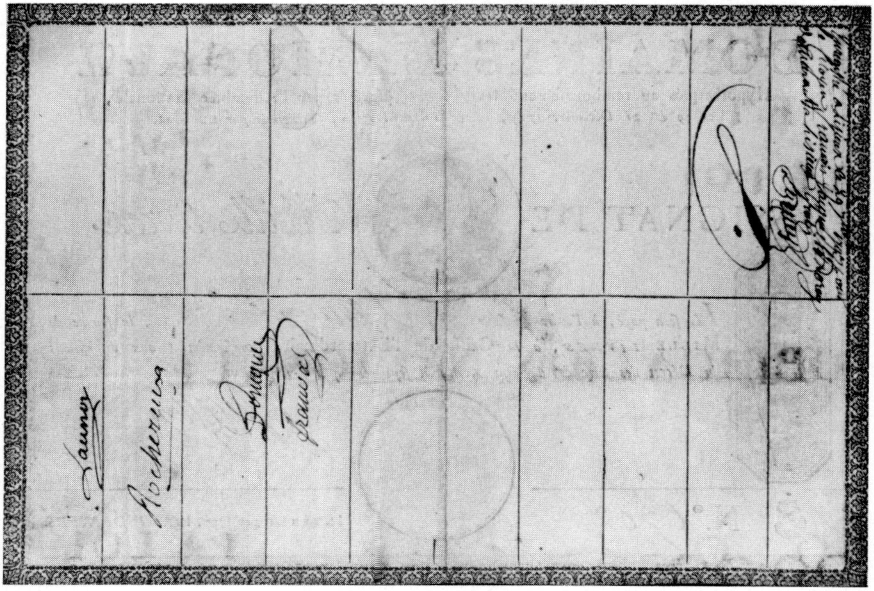

Prieur : Massacre de Lescuyer à Avignon. (Louvre).

Prieur : Proclamation de la Patrie en danger. (Louvre).

Calendrier républicain. (Bibliothèque Nationale).

Caran d'Ache : Les volontaires en sabots à la bataille de Valmy. (Bibliothèque Nationale. Illustration du XIXe siècle).

Prieur : Arrestation de Varennes. (Louvre).

Lefèvre d'après Tony Johannot : Danton et Camille Desmoulins à l'échafaud. 5 avril 1794.
(Bibliothèque Nationale).

Fête de l'Être suprême au Champ-de-Mars.
Paris 8 juin 1794.

Attaque de Nantes par les Vendéens.
(Bibliothèque Nationale).

Pacification de la Vendée. (Carnavalet).

Clôture de la salle
des Jacobins.

Gracchus Babeuf
se poignarde
dans sa prison.

Antoine Laurent de Lavoisier. (Académie des Sciences).

Gaspard Monge. (Académie des Sciences).

Olympe de Gouges.

Moreau le Jeune : Théroigne de Méricourt.

Lavater : Silhouettes de M. et Mme Roland et de leur fille Eudora. (Carnavalet).

CLICHÉS : LAUROS-GIRAUDON.

sont imprimés en cachette ou publiquement, on chante *La Marseillaise* malgré la police.

Face à la haine de la Révolution, revenue avec les émigrés qui n'ont « *rien appris et rien oublié* », se crée toute une légende de la Révolution et certains personnages célèbres comme Bara et Viala, les enfants-héros, sont connus de beaucoup de jeunes.

C'est un peu comme si le modèle de la Révolution continuait à terroriser les uns et à exalter les autres. Des mots sont employés par les adversaires comme des insultes ou des compliments. Ainsi « *jacobin* » est synonyme de « *brigand* » pour un royaliste convaincu et de « *personne de grande fidélité à ses idées politiques* » pour un républicain. Les « *Chouans* » sont encensés par les uns et les « *sans-culottes* » par les autres. En Vendée et dans les anciens pays chouans, d'ailleurs, on parle encore des « *bleus* » et des « *blancs* » pour parler de la gauche et de la droite.

C'est que dans toute l'Europe le ferment de la Révolution de 1789 continue à faire ses preuves. On ne compte plus les révoltes et 1848 devient une explosion générale quand on apprend que Paris a bougé.

Quand l'Empire s'écroule sous les désastres de la guerre à Sedan, les Républicains s'emparent du pouvoir très facilement (septembre 1870). La défaite entraîne un profond mécontentement à Paris qui vient de vivre un siège très long. Le parlement siège à Versailles, les grands bourgeois sont aux commandes, les Parisiens les soupçonnent de trahison : ils se révoltent. C'est *La Commune* (mars-mai 1871).

Là aussi, la révolte parisienne est une héritière directe des sans-culottes et de l'action des révolutionnaires de 1789. D'ailleurs leur exemple est souvent cité par les principaux personnages de la Commune. Des Clubs prennent la même forme que ceux de 1789, on reprend les idées, les méthodes des révolutionnaires. Mais la répression s'abat sur cette tentative très neuve où apparaissent aussi des héritiers de Babeuf et de la Conspiration des Égaux.

En 1905, la Russie connaît à son tour une première révolution écrasée dans le sang.

Deux hommes politiques ont étudié de très près la Révolution française et ses filles du XIXe siècle : Karl Marx d'abord et Lénine ensuite.

En France, Jaurès, professeur, homme politique socialiste, se penche sur l'histoire de la Révolution et écrit une *Histoire socialiste de la Révolution française* qui éclaire la période d'une autre façon que Michelet.

Lénine étudiant la Révolution française et la Commune trace, en quelque sorte, la voie de la Révolution russe de 1917.

Partout dans le monde, les « Idées de 1789 » servent de point de départ à de nombreux mouvements de révolte contre les formes anciennes. Lutte contre les régimes autoritaires en Europe : Allemagne, Italie, Autriche, Hongrie, Pologne partagée au XVIIIe siècle.

L'Amérique du Sud s'inspire de la Déclaration des Droits de l'Homme pour réclamer l'indépendance et parfois essayer de construire des Républiques nouvelles sur les ruines de l'Empire colonial espagnol et portugais.

Et si tu vas à l'étranger, tu entendras encore parler de cette grande espérance.

Elle explique que la France jouit encore, dans le monde, d'un immense prestige pour les idées nées de sa Révolution.

Les filles de la Révolution de 1789 n'ont peut-être pas encore fini de faire parler d'elles.

Elles continuent à faire peur au point que les nazis, lorsqu'ils occupent Paris en 1940, chargent l'un de leurs écrivains politiques, Rosenberg, de prononcer un discours contre la France en général et contre les idées de 1789 en particulier, voulant par la victoire du nazisme, heureusement provisoire, marquer la fin des « *idées de 1789* ».

En France même, les idées défendues par Pétain et ses partisans s'inscrivent comme une condamnation des idées de la Révolution française, marquée par la substitution de la devise « *Travail, Famille, Patrie* » à la devise républicaine « *Liberté, Égalité, Fraternité* ».

La lutte des Révolutionnaires de 1789 continue donc encore aujourd'hui, même si les mots ont parfois changé de sens, comme ceux des « *bleus* » du bocage vendéen.

Après tout, la liberté politique n'est pas assurée partout et reste particulièrement fragile. Quant à la liberté économique, elle ne va pas encore de pair avec le droit au travail. L'égalité de tous les hommes devant la loi a encore besoin de défenseurs, même dans les pays dits développés, toutes les religions ne sont pas à égalité, toutes les chances ne sont pas données à tous.

Quant à la fraternité, il dépend de chacun de nous de la construire mais sans oublier à quel point elle a besoin de justice sociale et de liberté pour ne pas être seulement une consolation et une forme d'hypocrisie.

Connaître les événements et les acteurs de la Révolution française, c'est sans doute mieux se préparer à vivre dans l'avenir.

Quelques dates pour s'y retrouver

Consulat de Napoléon Bonaparte	*1799-1804*
Empire de Napoléon Ier	*1804-1814*
1re Restauration (Louis XVIII)	*1814*
Les Cent-Jours (retour de Napoléon Ier)	*1815*
2e Restauration (Louis XVIII puis Charles X)	*1815-1830*
Louis-Philippe	*1830-1848*
IIe République	*1848-1852*
Second Empire (Napoléon III)	*1852-1870*
IIIe République	*1870-1940*
État français de Pétain	*1940-1944*
IVe République	*1944-1958*
Ve République	*depuis 1958*

Des idées pour aujourd'hui et pour demain

Pendant la lecture des pages sur les événements de la Révolution, certains mots, certains noms reviennent souvent et méritent une explication.

C'est le moment pour toi de trouver la réponse à tes questions, de faire connaissance avec des faits de la vie quotidienne.

Si tu ne trouves pas de réponses à toutes tes interrogations, va vers d'autres livres. Souviens-toi que les hommes de 1789 aimaient beaucoup les livres, les bibliothèques, au point de vouloir les ouvrir à tous.

Du côté des clubs

1793

La salle est pleine d'hommes de toutes conditions, les députés voisinent avec les artisans, les bancs sont tous occupés, à la tribune quelqu'un parle et les conversations se taisent.

« Taisez-vous, c'est Robespierre... »

Nous sommes au Club des Jacobins, un des lieux où la Révolution se fait tous les jours. Ne cherche pas le lieu sur un plan de Paris, la salle n'existe plus.

Les clubs

C'est sans doute l'une des créations les plus originales de la période révolutionnaire.

C'est avec le *Club breton* qu'a commencé leur vie.

A l'origine, c'était une réunion des élus bretons aux États Généraux. On sait toute la part prise par ces députés aux événements de mai et juin 1789. Le refus de revenir aux délibérations séparées des ordres, la réunion qui devait aboutir au *Serment du Jeu de Paume* sortent des discussions des Bretons.

Jusqu'au retour de l'Assemblée à Paris, le 19 octobre, le club poursuit ses réunions. En dehors des Bretons, de nombreux autres députés assistent aux séances et parmi eux Robespierre.

Quand l'Assemblée vient à Paris à la suite du roi, le Club breton cesse de fonctionner sous cette forme un peu vague et certains de ses membres influents, bretons ou non, créent *La Société des Amis de la Constitution.* Elle organise des réunions dans l'ancien couvent des Jacobins, rue Saint-Honoré. Les journaux royalistes ne se privent pas de faire de l'esprit sur cette société : les « Jacots », les « Jacobites », les « Jacoquins » ne deviendront jamais des noms populaires, les « Amis de la Constitution » non plus. Tout le monde parle bientôt des *Jacobins.*

Mais les Jacobins ne sont pas comme l'ancien club une simple réunion de députés (on dirait aujourd'hui un groupe parlementaire). N'importe quel citoyen peut faire partie du Club des Jacobins. Au début, seuls les citoyens actifs sont admis, le public populaire reste donc à la porte.

Beaucoup de personnalités fréquentent le club : Mirabeau, Barnave, Target, Sieyès, Talleyrand, Robespierre et même La Fayette.

Ce dernier quitte les Jacobins quand, en mars 1790, Robespierre en est élu Président pour le mois d'avril. Un autre club sera créé par La Fayette, *La Société de 1789,* très inspiré des modèles anglais et américains. On y discute de façon très mesurée, au cours de réunions à caractère mondain et de banquets.

Bientôt, Mirabeau, Talleyrand, Sieyès rejoindront La Fayette.

Les rivalités entre les deux clubs se marquent à Paris.

En province, par contre, si les Jacobins ont un grand nombre de clubs affiliés, La Société de 1789 n'a que peu d'échos.

Le Club des Cordeliers doit aussi son nom aux bâtiments

qui l'abritent. Certains noms de la Révolution sont liés, au moins au début, à ce club : Desmoulins, Marat, Danton, Fabre d'Églantine, Hébert. C'est une association de brillants journalistes comme Marat et Desmoulins, ou d'orateurs très écoutés comme Danton.

Alors que les Jacobins mettent en avant une organisation qui rayonne sur tout le territoire, que La Société de 1789 mène une politique de salons et de petites intrigues, le Club des Cordeliers apparaît comme une sorte de *meeting* permanent.

La tactique employée par les Jacobins est celle de réunir à eux les nombreuses sociétés populaires déjà créées en province ou d'en créer quand elles n'existent pas. Ainsi on lit dans les lettres du marquis de Ferrière en juin 1791 :

> « Les Jacobins travaillent à former un club à Saumur, heureusement ils n'ont pu y réussir jusqu'à présent, mais ils s'obstinent, et qu'il soit de leur intérêt d'établir ce club, ils en viendront à bout. »

C'est vraiment au Club des Jacobins que va se décider le sort de la Révolution. Avant les grandes séances de la Convention, les Clubs sont une sorte de répétition générale des événements. Robespierre y exerce en quelque sorte la direction, toujours mise en péril quand il est absent.

Mais au 9 thermidor, le club, société assez fermée, ne peut rien pour son tribun.

Fermé le 10 thermidor, puis rouvert, mais sans ses éléments les plus actifs, le club, attaqué par les contre-révolutionnaires, sera définitivement interdit.

Toutes les tentatives de le faire renaître seront vouées à l'échec, la salle elle-même sera détruite, sans doute dans une tentative de l'effacer de l'histoire.

Mais le Club des Jacobins entrera dans la légende et avec lui ses membres les plus fameux.

Pas de vraie liberté sans égalité des chances

Les Sans-Culottes (voir p. 169) avaient pour ambition d'effacer l'inégalité des conditions de vie.

Elles sont criantes dans la société de l'ancien Régime. Le luxe de quelques-uns, la fortune établie dans les demeures, les équipages, les vêtements, les repas somptueux... Et à l'autre bout de la chaîne, les pauvres dont la subsistance difficile débouche parfois sur des famines.

Les fêtes populaires et les réjouissances collectives, les ripailles de certaines cérémonies ne doivent pas nous faire oublier que les pauvres sont d'autant plus heureux de ces fêtes qu'elles sont très exceptionnelles.

Le déséquilibre politique, la guerre étrangère, la guerre civile vont, pendant la Révolution, poser bien des problèmes à l'approvisionnement et permettre aux *accapareurs* des fortunes scandaleuses.

Cette situation préoccupe les Sans-Culottes et ils cherchent les moyens de répondre aux difficultés immédiates, mais aussi de mieux armer les citoyens pour l'avenir.

Il y aura une double recherche, d'abord *l'assistance,* ensuite l'enseignement, *l'instruction publique,* ce second volet de l'action devant donner à tous les citoyens, comme on l'espère alors, le moyen d'être efficaces et par conséquent de vivre de leur travail.

L'Assistance

Sous l'ancien Régime, l'Église est responsable de l'assistance envisagée sous l'angle de la charité.

Depuis le Moyen Âge, la fonction de l'Église a bien évolué.

Les diverses congrégations religieuses sont plus ou moins spécialisées pour assurer l'assistance. Les unes s'occupent des enfants abandonnés, très nombreux à cette époque, des orphelins non recueillis par leur famille, des infirmes, également nombreux, soit à la naissance, soit par les multiples accidents et maladies, des malades entassés dans les hôpitaux, des vieillards — et on est vite vieillard en 1789 !

C'est à cela que doivent servir en principe les dons des fidèles. Quêtes et dons volontaires en argent ou en nature passent souvent par l'Église, même si les maisons aisées ont « leurs pauvres ». A cela aussi sont affectés les dons par testament, souvent très importants : de l'argent, mais aussi des terres et des maisons données au clergé qui les administre et devrait en utiliser les revenus pour l'assistance.

C'est aussi une des justifications de *la dîme* qui couvre également l'entretien des Églises et des ecclésiastiques.

Les biens du clergé confisqués, l'assistance est en quelque sorte laïcisée, elle devient un service public. En théorie du moins, car les fondations hospitalières gardent leurs biens jusqu'en avril 1792, mais les ressources diminuent et l'Assemblée donne des subventions.

En 1790 s'ouvrent *les Ateliers de Charité,* destinés à donner des revenus par le travail à certains assistés.

C'est à la Convention que revient la première tentative de créer une véritable *Assistance Publique.*

Le décret qui l'organise est clair :

> « 1) Tout homme a droit à sa subsistance par le travail s'il est valide, par des secours gratuits s'il est hors d'état de travailler.
>
> 2) Le soin de pourvoir à la subsistance du pauvre est une dette nationale. »
>
> 19 mars 1793

Peu à peu, la Convention ébauche un système assez proche, dans son esprit, de notre « Sécurité sociale ».

Après la chute de Robespierre, toute cette grande idée de l'Assistance — dette nationale — est abandonnée, on crée des bureaux de bienfaisance dans chaque commune, financés par un impôt sur les spectacles (10 %), on supprime la mendicité... en enfermant les mendiants, et on place les enfants abandonnés dans des familles nourricières.

Les systèmes employés durent jusqu'aux années 1936 dans leur ensemble et n'ont pas encore complètement disparu.

La notion de *droit au travail* et aux subsistances reste cependant très fortement dans la tête des gens, en France, et elle vient en droite ligne des Sans-Culottes. Elle est en 1848 une des premières mesures de la IIe République. Elle continue à servir de base aux revendications syndicales en insistant sur l'obligation pour la collectivité de donner à chacun la possibilité d'exercer un métier en fonction de ses possibilités.

L'Instruction Publique

Là aussi le rôle de l'Église était important jusqu'en 1789.

Si l'enseignement primaire n'était pas encore généralisé et variait de région à région, il était toujours sous l'autorité directe de l'Église. Le prêtre lui-même, parfois son sacristain, assuraient souvent les fonctions d'instituteur. On comptait cependant des *Régents* ou des *Maîtres d'école,* seuls ou assistés d'aides plus ou moins bénévoles et parfois assez ignorants.

La Constituante avait fixé le principe « *d'une instruction publique commune à tous les citoyens, gratuite à l'égard des parties d'enseignement indispensables pour tous les hommes* », sans aller beaucoup plus loin.

Elle avait maintenu les biens aux collèges, en général religieux, pour qu'ils continuent leur fonction enseignante pour les enfants des classes aisées.

Le premier projet sur « *l'organisation générale de l'Instruction Publique* », né des travaux d'une commission de la législative est établie par Condorcet en 1792, il crée bien un enseignement, mais organise en fait la séparation des élèves en fonction de la situation sociale de leurs parents.

Le second projet, préparé par Le Peletier de Saint-Fargeau, est adopté après son assassinat, grâce à Robespierre qui le présente à la Convention. C'est vraiment un projet révolutionnaire qui crée une obligation scolaire et une gratuité totale de l'enseignement pour les garçons de cinq à douze ans et les filles de cinq à onze ans. On emploie pour la première fois l'expression *L'Éducation nationale* et le projet précise qu'elle « *sera égale pour tous* », les maîtres seront « *salariés par la Nation* ».

Ce système institue des sortes d'internats, obligatoires pour tous, proches du lieu de domicile puisqu'ils devaient être créés dans chaque canton, on prévoit « *une nourriture saine mais frugale* », « *un habillement commode, mais grossier* » et on précise « *ils seront couchés sans mollesse* ».

Mais ce qui surprend, c'est une disposition que prévoit l'article 20 :

« Dans l'intérieur, ou à portée des maisons d'éducation nationales seront placés, autant qu'il sera possible, les vieillards ou infirmes hors d'état de gagner leur vie, et qui seront à la charge de la commune. Les enfants seront employés chacun à leur tour, suivant leur force et leur âge, à leur service et assistance. »

Quant à la surveillance, elle incombe une semaine par an à l'un des pères d'élèves qui doit :

« veiller à la préparation et distribution des aliments des enfants ; à l'emploi du temps et à son partage entre l'étude, le travail et les exercices, à l'exactitude des instituteurs et des institutrices à remplir les devoirs qui leur sont confiés ; à la propreté et à la bonne tenue des enfants et de la maison »...

Remarquons au passage qu'il n'y a plus de religion à l'école ; le projet de Le Peletier de Saint-Fargeau introduit l'idée d'une école gratuite, obligatoire et laïque qui ne verra vraiment le jour qu'en 1881.

Car le projet de Le Pelletier ne fut pas appliqué. Adopté le 13 juillet 1793, il débouche bien sur la loi du 29 Frimaire an II (19 décembre 1793) mais...

Après Thermidor on ne poursuit pas l'application de la loi et on supprime le salaire des instituteurs, l'obligation de la gratuité. L'éducation devient à nouveau un luxe des riches !

Les idées de Le Pelletier devaient aller leur chemin pour aboutir, moins d'un siècle plus tard, à la création du système scolaire français, ancré ainsi dans les traditions révolutionnaires, avec les lois qui, de 1881 à 1884 organisent l'école publique et laïque dans notre pays.

Les travailleurs et la liberté

La Révolution, c'est l'abolition des privilèges et on pouvait espérer que la « liberté » dont tous les bourgeois du tiers état parsèment leurs discours allait s'étendre à toutes les catégories sociales.

A vrai dire les choses n'ont pas été si simples.

Les paysans ont certainement quelques raisons de satisfaction, du moins les paysans aisés, ceux qui achètent les terres mises en vente comme *Biens Nationaux*. Pour les autres, ils changent simplement de maîtres et les bourgeois propriétaires des fermes achetées comme *Biens Nationaux* se montrent aussi durs avec leurs métayers que les anciens propriétaires. Certains même, plus âpres aux gains, plus soucieux de faire de l'argent avec leurs biens devaient, au XIXe siècle, laisser le souvenir de tyrans.

Les ouvriers agricoles, encore nombreux à l'époque, parfois moins bien traité que le bétail, continuent une vie misérable jusqu'au milieu du XXe siècle.

Mais les ouvriers des manufactures, encore peu nombreuses, des fonderies, des chantiers navals, les tisserands des villes drapières, les canuts de Lyon et les nombreux ouvriers à domicile, exploités par les marchands, n'ont rien obtenu de cette liberté. La suppression des corporations et de leurs privilèges a bien un air de liberté, mais elle permet surtout aux marchands de faire jouer la concurrence sur les prix, mais aussi sur la qualité des produits. Plus de véritable obstacle à devenir maître, plus de contrats aliénant la liberté. C'était trop beau pour durer... et un avocat de Rennes, Isaac Le Chapelier, allait donner son nom à une loi du 14 juin 1791, interdisant aux ouvriers « *la coalition* », c'est-à-dire le droit de s'organiser entre gens du même métier, et la grève.

Il allait falloir presque un siècle, de nombreuses révolutions et une âpre lutte des ouvriers pour arriver à la création des syndicats et au droit de grève. La lutte, jalonnée par les morts, au cours de grèves interdites, les assassinats, les emprisonnements, les brimades contre les travailleurs récalcitrants marque toute l'histoire du mouvement ouvrier jusqu'à nos jours.

La liberté de 1789 avait ses limites comme la transformation révolutionnaire de la société.

C'est aussi la raison pour laquelle on l'appelle *une révolution bourgeoise*.

Que lisaient les gens pendant la Révolution ?

Souvent, quand on parle de la Révolution, on « raconte » les articles des journaux. Des hommes comme Camille Desmoulins ou Marat sont connus comme journalistes, c'est par leur journal qu'ils ont participé à la marche de la Révolution.

Mais ces journaux ne sont pas comparables aux quotidiens d'aujourd'hui.

Ils ressemblent davantage à des revues de spécialistes qu'à nos grands journaux avec leurs photos et leurs pages spécialisées. De petit format, et souvent écrits par un seul journaliste, ils sont imprimés sur des presses à bras après avoir été composés à la main, un peu comme les imprimeries qui existent dans certaines écoles. Souvent, ils ont quatre ou huit pages, mais n'en sont pas moins très chers. (L'un de ces journaux de Paris, *Le Patriote Français* coûte, par abonnement, plus d'un mois de travail d'un ouvrier.) C'est aussi la raison du succès de certains journaux tels *L'Ami du Peuple* ou *Le Père Duchêne* qui sont vendus au numéro, par des crieurs qui circulent dans les rues ou au Palais-Royal, grand centre de la vie politique.

Il y a beaucoup de journaux. En 1789, 184 à Paris, mais en 1790 on en compte 335. Le nombre ira en diminuant à partir de 1793. En province, le nombre de journaux n'a pas encore été étudié, mais chaque journal, à Paris comme en province, est fabriqué à un petit nombre d'exemplaires, chacun est lu et relu, quelquefois plusieurs jours après sa parution.

Pour le journaliste, à cette période il faut surtout commenter les nouvelles. C'est une presse politique qui attaque ou défend la Révolution avec violence.

Les royalistes avec *Le Rocambole des journaux, Le Petit Gautier, Les Actes des Apôtres, L'Ami du Roi,* utilisent la liberté de la presse pour attaquer, diffamer, publier en pleine guerre des renseignements militaires, appeler à la révolte contre les décisions des assemblées et du gouvernement.

Le Patriote Français de Brissot est un journal acquis à la Révolution, mais très modéré, acheté par des bourgeois ; il publie jusqu'à 20 000 exemplaires pour certains numéros, ce qui constitue un record pour l'époque.

Face à la presse royaliste, une presse révolutionnaire très lue dans les Clubs :

La Révolution de Paris de Loustalot.

Les Révolutions de France et de Brabant de Camille Desmoulins qui écrira aussi *Le Vieux Cordelier,* journal du parti des Indulgents en 1793.

L'Ami du Peuple de Marat est un journal rédigé par Marat lui-même ; il invente une forme de journalisme par son appel direct au lecteur. Pour ses lecteurs (2 000 exemplaires seulement mais le journal circule beaucoup), Marat appelle à la sauvegarde de la Révolution, il met en garde contre les complots des nobles, du roi, jusqu'à son exécution. Il est directement à l'origine de certaines journées révolutionnaires.

Le Père Duchesne, avec Hébert, invente lui aussi un style de journalisme. C'est l'entrée dans la presse d'une langue française populaire, celle que l'on parlait sans l'écrire, ponctuée d'expressions populaires ou même de jurons.

Et Robespierre ?

Sauf pendant une courte période pendant laquelle il n'est pas député et édite *Le Défenseur de la Constitution* où il se bat contre l'idée de la guerre, Robespierre ne va pas utiliser le journal. Son arme, c'est la parole, aux Jacobins, à l'Assemblée.

Cependant, les journaux ne suffisent pas et un grand nombre de textes paraissent dès qu'une question importante est posée. On n'a pas encore fini d'étudier tous les documents écrits en cette période et on peut bien penser que certains n'ont pas été tous conservés par la Bibliothèque nationale. Certains sont sans doute perdus.

Malgré le peu de citoyens sachant lire et écrire, on imprime beaucoup pendant toute la période révolutionnaire. Il est vrai que la censure a été supprimée et que tout peut s'écrire et s'imprimer.

La Révolution et la religion

Comme on le sait, la monarchie française s'appuie sur l'Église catholique, le roi sacré à Reims est le représentant de Dieu sur la Terre de France, le clergé lui doit allégeance et aucun autre culte n'est permis depuis que Louis XIV a abrogé *l'Édit de Nantes* par lequel Henri IV avait institué la liberté de culte. De la même façon, les juifs du royaume, tolérés le plus souvent, persécutés quelquefois, pratiquent leur foi de façon quasi clandestine ou familialement dans de nombreuses régions.

La Révolution accorde la liberté des cultes, n'accepte pas de faire du catholicisme la religion d'État, mais en fait une religion établie, considérée, aidée par l'État.

La question religieuse au début de la Révolution n'existe pas. Les prêtres, de nombreux évêques sont d'accord pour le changement.

C'est à partir de la reprise par la Nation des biens de l'Église que tout commence à se compliquer.

En effet, dans l'ancien Régime, l'Église s'occupe des écoles, de la plus petite à l'université, des hôpitaux, des hospices, des orphelinats. Pour cela, elle possède de nombreux établissements, tenus par des religieux et des religieuses, sans compter ceux dont la fonction reste la prière.

Puisque l'Église ne dispose plus de ses biens, devenus biens nationaux, il faut trouver un moyen de faire vivre prêtres et évêques, mais aussi les établissements de bienfaisance et d'éducation.

C'est donc l'Assemblée qui va organiser la vie matérielle de l'Église, se gardant bien de s'occuper des questions religieuses placées sous l'autorité du pape.

On décide que chaque département deviendra un évêché et que les évêques seront élus par les électeurs du département — ce qui reprend une tradition ancienne de l'Église faisant élire les évêques par les fidèles.

On regroupe aussi les paroisses, et les curés sont élus par les fidèles.

Bien sûr, on prend toutes précautions pour que seuls les prêtres puissent être élus et ensuite reconnus par leurs supérieurs. Les évêques, toujours un peu agacés de l'autorité du pape, acceptent volontiers de ne dépendre du chef de l'église que pour les questions de foi.

Reste à régler le sort des très nombreux religieux et religieuses. L'Assemblée confirme les congrégations charitables (hôpitaux, hospices, orphelinats) et enseignantes (écoles diverses...) dans leur fonction. L'école est assurée par les religieux ou ceux qui dépendent d'eux, l'assistance aux infirmes, malades et orphelins également.

Pour les religieux des couvents, on leur permet de se libérer de leurs vœux et on interdit à l'avenir, au nom de la liberté, les vœux perpétuels.

Ces bouleversements sont accueillis sans défaveur par les évêques et les prêtres dans leur majorité. De leur côté tous les aristocrates émigrés, tous les souverains étrangers condamnent d'un même élan *La Déclaration des Droits de l'Homme* et *La Constitution Civile du clergé.*

Que va faire le pape ?

Les négociations durent plusieurs mois.

Le pape a déjà condamné, en secret, la Déclaration des Droits de l'Homme, mais sa condamnation n'est pas connue et en tout cas pas du tout populaire.

Il voit avec mauvaise humeur la région d'Avignon qui lui appartient demander son rattachement à la France et l'Assemblée lui refuser son aide pour mater la révolte. L'Espagne en particulier fait pression sur lui.

Malgré les efforts de nombreux évêques français, les négociations piétinent. L'Assemblée, le 24 novembre 1790, demande aux membres du clergé de prêter serment à *la Constitution civile du clergé.*

Le pape refuse son accord à la Constitution civile du clergé.

La moitié des prêtres accepte la loi, l'autre refuse.

Ceux qui refusent sont dits « *prêtres réfractaires* » et ne peuvent plus célébrer la messe dans les lieux publics. Un décret de mai 1791 leur permet de dire leur messe dans des lieux privés.

Cet événement va certainement porter un coup à la Révolution.

Les adversaires des réformes ont peu de chance d'être entendus des gens simples trop heureux de voir la société évoluer. Ils vont trouver une oreille attentive aux critiques de la politique religieuse.

Les prêtres « officiels » sont condamnés par le pape, le pape est la plus haute autorité de l'Église et pour les catholiques le Vicaire du Christ, c'est-à-dire son représentant. Les prêtres « *jureurs* », ceux qui ont prêté serment, se placent hors de l'Église, n'ont plus qualité pour administrer les sacrements. On ne peut pas, avec eux, faire son salut.

Les aristocrates, très souvent peu religieux, vont utiliser la foi profonde et sincère du peuple pour combattre une Révolution qui va, pour eux, trop loin dans les réformes. Certains grands bourgeois ne tardent pas à leur emboîter le pas.

On peut penser aussi que le roi, croyant sincère, d'après tous ceux qui l'ont approché, se pose des problèmes de conscience.

Le drame secoue la France entière. Les familles se

divisent ; les hommes acceptent volontiers les prêtres « *jureurs* », les femmes les refusent et suivent les offices des « *réfractaires* ». Les positions politiques deviennent très opposées : d'un côté, une sorte de parti des prêtres ouvertement anti-révolutionnaires, de l'autre un parti révolutionnaire de plus en plus anticlérical et parfois même anti-religieux.

Peu à peu on parle d'un culte patriotique, une sorte de religion de la nation, destinée à remplacer pour le peuple les cérémonies religieuses.

C'est ainsi qu'on s'achemine insensiblement vers la *Fête de l'Être Suprême* et vers le culte de *la déesse Raison.*

La Constituante a échoué dans sa politique religieuse. Malgré l'aide de nombreux membres du clergé, elle n'a pas réussi à créer une Église catholique nationale, plus libre dans ses relations avec la Papauté. La religion catholique va apparaître à de nombreux Français comme une arme de la Contre-Révolution. Les relations entre les gens de progrès et l'Église deviendront une forme d'opposition qui marquera tout le XIXe siècle dans notre pays.

Toutefois, le courant révolutionnaire qui secoue le clergé en 1789 laisse lui aussi ses traces, un certain nombre de prêtres abandonnent l'Église, certains fournissent des armes politiques aux revendications des sans-culottes (comme Jacques Roux par exemple).

Du « culte de la Raison » à la « Fête de l'Être Suprême »

S'il y a un mot magique qui court dans l'œuvre des philosophes du XVIIIe siècle et se retrouve dans la bouche des révolutionnaires, c'est bien le mot « *Raison* ».

L'idée d'un « *Culte de la Raison* » vient sans doute de cette volonté de remettre le monde sur ses pieds, de se gouverner soi-même de façon à obéir à la Raison.

Au début, on ne voit pas d'opposition avec les autres cultes, et en particulier le culte catholique, mais les cérémonies ont souvent lieu dans les églises, ainsi la Fête de la Liberté le 10 novembre 1793 à Notre-Dame de Paris.

Certains, parmi les membres de la Convention, s'inquiètent de ces pratiques. Beaucoup de Conventionnels partagent les idées de Rousseau, ils ne sont pas athées, ils croient en un Dieu, maître de la nature. Ainsi, Robespierre, le 7 mai 1794, condamne devant la Convention la propagande pour l'athéisme et l'Assemblée le suit. Elle décrète « *le peuple français reconnaît l'existence de l'Être Suprême et l'immortalité de l'âme.* »

Le 10 juin 1794 (20 Prairial), Robespierre, président de la Convention, c'est-à-dire pratiquement chef de l'État, est à la tête du cortège célébrant *la Fête de l'Être Suprême.*

Cette fête est assurément la dernière grande fête révolutionnaire. Paris déborde de fleurs et de guirlandes, la foule se masse aux Tuileries, les membres de la Convention, Robespierre à leur tête, en costume de représentant en mission, un bouquet de fleurs à la main, prennent place sur les gradins. Robespierre prononce un discours, allume un bûcher pour consumer les images de monstres. L'Athéisme, l'Égoïsme et quelques autres brûlent, dévoilant la statue de la Sagesse...

Le cortège se forme alors jusqu'au Champ-de-Mars où s'élève une « montagne » sur laquelle les députés et des représentants des sections, hommes, femmes, jeunes gens, jeunes filles et des musiciens s'installent.

Les jeunes filles jettent des fleurs, les garçons tirent leurs sabres, l'artillerie tonne.

C'est l'allégresse générale et il faudra toute la haine de Michelet contre Robespierre pour ne voir dans cette cérémonie que le prélude au 9 Thermidor.

Si tu vas revoir le tableau de Demachy qui décrit l'événement, au musée Carnavalet, tu te diras peut-être, comme moi, que ces révolutionnaires avaient aussi le sens de la fête populaire.

Les soldats de l'ancien régime

Comment l'armée royale telle que la voyaient les Français en 1789 a-t-elle été transformée par la Révolution ?

Une armée de métier

Tout d'abord, en 1789, l'armée royale est une armée de métier qui comprend trois groupes de soldats :

La maison du roi

Gardes du Corps. Les Cent Suisses. Le Régiment des gardes Françaises. Le Régiment des gardes Suisses, à peu près 7 000 hommes. Seules les gardes Françaises et les gardes Suisses sont de véritables troupes, les gardes du corps sont de jeunes nobles chargés de la suite du Roi plus que de sa véritable protection.

Les troupes réglées

Infanterie et Cavalerie, à peu près 150 000 hommes.

23 régiments sur les 102 de l'Infanterie étaient composés de soldats étrangers, Suisses, Allemands, Irlandais, Liégeois.

Chaque régiment porte le nom d'une province (Champagne, Royal Comtois...) ou d'un personnage (Turenne, Condé...).

Un petit corps d'artillerie, sept régiments portant des noms de ville.

S'ajoutait à cela le Corps Royal du Génie (moins de 400 officiers).

La milice

Recrutée par tirage au sort parmi les paysans célibataires de dix-huit à quarante ans. (On pouvait s'acheter un remplaçant quand on avait la malchance d'être tiré au sort). La milice constituait une réserve pour la garde du territoire en temps de guerre.

Les garde-côtes et la *maréchaussée* (les gendarmes) complètent le personnel militaire royal.

C'est une armée puissante en nombre :
270 000 hommes.

Les officiers

C'est une chasse gardée de la noblesse et les grades de l'armée reproduisent en fait la hiérarchie féodale.

On ne manque pas d'officiers supérieurs. En 1789, il y a plus de 200 lieutenants généraux et 769 maréchaux de camp.

Quelques officiers sortis du rang, donc non nobles, étaient cependant en service quand débute la Révolution, on les appelait « officiers de fortune » et les officiers nobles les méprisaient.

Ceux qu'on appelait « bas officiers », recrutés dans la troupe, allaient fournir les cadres militaires de la Révolution, surtout après l'émigration de nombreux officiers nobles.

Les guerres des règnes de Louis XIV et Louis XV ont laissé de mauvais souvenirs aux Français. Les bourgeois n'ont d'ailleurs pas beaucoup d'intérêt pour la carrière militaire.

Par contre, on s'intéresse à l'armement et Gribeauval va doter les troupes royales d'une artillerie qui, ajoutée à un nouveau modèle de fusil, équipera les armées de la Révolution de façon moderne face à leurs adversaires.

Mais l'image de l'armée est celle du sergent recruteur qui parcourt les campagnes en brillant uniforme. Son rôle : faire signer un engagement aux jeunes, et parfois aux moins jeunes, à qui on promet monts et merveilles, au besoin en les faisant boire. Ils signent et les voilà partis. C'est à cela que répondent les chansons du XVIIIe siècle donnant la mesure du désenchantement des soldats.

Il est bien vrai que l'armée a mauvaise réputation. Vivant sur le pays, mal nourri, mal payé, maltraité, le soldat de l'ancien régime passe pour un gueux, un misérable et un mauvais sujet.

Le poème de Victor Hugo (p. 184) montre bien la transformation de l'image du soldat.

Le calendrier républicain

Les dates de la période révolutionnaire sont souvent données en double, par exemple la Loi sur l'instruction publique date du 29 Frimaire de l'An II (19 décembre 1793). C'est que le calendrier républicain fait débuter l'An I de la République le 22 septembre 1792.

Que signifie pour les députés de la Convention ce changement de calendrier ?

Tout d'abord ils veulent donner à la fondation de la République une sorte de prestige : celui de la fondation d'une ère nouvelle.

Ces hommes avaient vécu dans un royaume de France basé sur les traditions, engagé dans un respect de l'histoire de la religion catholique et du christianisme. Pour eux, la naissance du Christ et la coïncidence de l'ère chrétienne avec cette naissance n'avaient jamais été discutées depuis des siècles.

Obligés par l'abandon des amis du roi et du roi lui-même à créer une forme nouvelle de gouvernement, ils se tournent vers leurs modèles de l'antiquité romaine et, tout étonnés de leur audace, pour certains du moins, ont l'impression de « repartir à zéro », comme nous dirions aujourd'hui.

Quand, le 22 septembre 1792, Billaud-Varenne propose à l'Assemblée de décider que tous les actes publics seront désormais datés de l'An I de la République, l'Assemblée l'adopte dans l'enthousiasme.

A vrai dire l'affaire était dans l'air et le vent du changement commençait à toucher à toute la vie quotidienne, et parmi ces transformations, l'un des groupes de travail du Comité d'Instruction Publique réfléchissait sur « *les changements à faire au calendrier* ».

Le 20 septembre 1793, le mathématicien Romme présente les propositions de ses collègues à la Convention tout entière. Le 5 octobre, Romme reprenant les conclusions fait adopter le nouveau calendrier et établit « *l'Ère des Français* ».

Pour des Français d'aujourd'hui, on s'étonne que cette initiative puisse être française. De nos jours, les concertations scientifiques internationales comme celles des astronomes ou celles des cosmonautes, les rencontres sur les phénomènes volcaniques ou le cancer mettent en commun les recherches. Déjà, au moment de la Révolution il existe des liaisons entre les hommes de science. Mais la science française bénéficie du prestige de la France reconnue comme la nation intellectuelle de l'Europe. La langue des scientifiques comme celle des artistes et des philosophes c'est le français, comme aujourd'hui la langue de la technique est l'anglais. Cela, les hommes de la Convention le savent ou le sentent, leur Révolution c'est aussi celle de tous les gens de progrès dans le monde entier.

> *L'article premier de la Loi dit :*
> « L'ère des Français compte de la fondation de la République qui a eu lieu le 22 septembre 1792 de l'ère vulgaire, jour où le soleil est arrivé à l'équinoxe vrai d'automne, en entrant dans le signe de la Balance à 9 heures 18 minutes 30 secondes pour l'Observatoire de Paris. »

Les précautions scientifiques étant prises il fallait aller plus avant. Dès le 7 octobre, le calendrier entre en vigueur. Robespierre fait bien remarquer qu'on va un peu vite... mais tant pis...

La rigueur scientifique des auteurs du projet va loin. Cette année ne peut pas changer le cours du soleil et il faut bien 365 jours, plus une année bissextile tous les quatre ans si on veut obéir aux lois astronomiques. Mais ce calendrier où les mois ne sont pas de même longueur, ce février de vingt-huit jours et ces mois de juillet et d'août de trente et un jours, côte à côte, quel désordre mathématique ! !...

On garde donc les quatre saisons, les douze mois, mais on les égalise à trente jours. On se trouve donc avec 360 jours. Reste cinq ou six jours à caser. On décide de les consacrer aux fêtes révolutionnaires.

La France fêtera donc les « *Sans-Culottides* » du 27 au 31 décembre de notre calendrier.

Mais le système entraîne aussi la suppression du dimanche traditionnel, car la nouvelle semaine, *la décade,* est bien comme son nom l'indique de dix jours.

Faut-il ou non garder les anciens noms de jours basés sur les dieux romains ? C'est au poète Fabre d'Églantine que devait revenir le privilège d'inventer les nouveaux noms des mois et des jours, à partir du 25 octobre 1793 (3 Brumaire de l'An II dans le nouveau calendrier).

Encore que, pour les jours, on ne fasse appel qu'aux mathématiques :

Primidi — Duodi — Triodi — Quartidi — Quintidi
Sixidi — Septidi — Octidi — Nonidi — Decadi

Decadi remplace le dimanche, trois par mois, douze mois par an. Il y a donc trente-six décades et cinq jours de fêtes en fin d'année. On perd onze dimanches dans l'aventure et on voit bien toutes les habitudes bouleversées, même si le travail du dimanche ne gêne pas les

CORRESPONDANCE DU CALENDRIER RÉPUBLICAIN ET DU CALENDRIER GRÉGORIEN (1792-1805)

Ère républicaine		I	II	III	IV	V	VI	VII	VIII	IX	X	XI	XII	XIII	XIV
Ère grégorienne		1792	1793	1794	1795	1796	1797	1798	1799	1800	1801	1802	1803	1804	1805
1er Vend.	Septembre	22	22	22	23	22	22	22	23	23	23	23	24	23	23
1er Brum.	Octobre	22	22	22	23	22	22	22	23	23	23	23	24	23	23
1er Frim.	Novembre	21	21	21	22	21	21	21	22	22	22	22	23	22	22
1er Nivôse	Décembre	21	21	21	22	21	21	21	22	22	22	22	23	22	22
Ère grégorienne		1793	1794	1795	1796	1797	1798	1799	1800	1801	1802	1803	1804	1805	
1er Pluv.	Janvier	20	20	20	21	20	20	20	21	21	21	21	22	21	
1er Ventôse	Février	19	19	19	20	19	19	19	20	20	20	20	21	20	
1er Germ.	Mars	21	21	21	21	21	21	21	22	22	22	22	22	22	
1er Floréal	Avril	20	20	20	20	20	20	20	21	21	21	21	21	21	
1er Prairial......	Mai	20	20	20	20	20	20	20	21	21	21	21	21	21	
1er Messid.	Juin	19	19	19	19	19	19	19	20	20	20	20	20	20	
1er Therm.	Juillet	19	19	19	19	19	19	19	20	20	20	20	20	20	
1er Fructid.	Août	18	18	18	18	18	18	18	19	19	19	19	19	19	

révolutionnaires qui connaissent bien la réalité de la vie quotidienne des plus pauvres.

Si les noms des jours répondent à une sorte de nécessité pratique, Fabre d'Églantine donne toute sa mesure de poète dans le nom des mois, même s'il est surtout connu comme l'auteur de *L'hospitalité (« Il pleut Bergère »)* et comme l'ami de Danton.

Il explique dans son rapport ses raisons de choix :

> *« L'idée première qui nous a servi de base est de consacrer, par le calendrier, le système agricole, et d'y ramener la nation, en marquant les époques et les fractions de l'année, par des signes intelligibles ou visibles pris dans l'agriculture et l'économie rurale. Nous avons imaginé de donner à chacun des mois de l'année un nom caractéristique qui exprimât la température qui lui est propre, le genre de production actuelle de la terre. »*

On voit bien que Rousseau n'est pas loin, et la bergère de la chanson non plus ! Mais c'est vrai qu'à l'époque la France est une nation de paysans ; sa richesse, la richesse, vient de la terre.

Fabre est aussi un homme logique, poète mais pratique. On va donc donner aux trois mois de chaque saison un point commun, cela fait donc 4 sortes de « rimes » (de sons) dont chacun indique à l'oreille la saison à laquelle il est appliqué.

— L'automne en « aire »	*Vendémiaire* *Brumaire* *Frimaire*
— L'hiver en « ose »	*Nivose* *Pluviose* *Ventose*
— Le printemps en « al »	*Germinal* *Floréal* *Prairial*
— L'été en « or »	*Messidor* *Thermidor* *Fructidor*

Arrivé là, j'entends dans mon oreille la voix d'un vieux républicain de Vendée, me disant pour le 150e anniversaire de la Révolution « *Ça, c'était des noms, ça sentait bon le vent, la pluie, le blé, le raisin, les pommes et les poires !* »

Napoléon a balayé en 1806 le calendrier avec la République, mais je ne suis pas loin de penser comme mon vieux copain disparu :

« *Ça avait de la gueule, mon gars !...* »

Comprendre la chouannerie vendéenne

Si tu vas, aujourd'hui encore, dans le bocage vendéen qui recouvre une partie du département de la Vendée et de celui des Deux-Sèvres, tu y verras un quadrillage de champs séparés par des haies. Çà et là, de grands pans de forêts subsistent encore. Cependant, le paysage a bien changé, les haies sont devenues de plus en plus minces, elles ont perdu de leur hauteur et ont même parfois disparu pour faire place aux clôtures électriques. Les routes, sans être larges, sont goudronnées et découvertes, les haies des bords de route élaguées pour la sécurité des voitures. Les petits chemins qui conduisent aux fermes dispersées dans la campagne permettent le passage des automobiles et des tracteurs, on ne s'y embourbe plus en hiver...

En 1789, ce n'était pas aussi facile. Peu de grandes routes, bordées de hauts arbres et invisibles de loin, même des hauteurs ; des chemins creux nés de l'usage du temps et totalement enfouis dans la verdure, constituant une sorte de souterrain de verdure par lequel on pouvait passer d'une ferme à l'autre.

Ce que tu retrouveras encore, par contre, ce sont des églises nombreuses, des chapelles, des croix aux carrefours, des statues de Vierges et de Saints. Toute une religion qui a mêlé au catholicisme les croyances anciennes, les pratiques de la sorcellerie et de la magie. Ainsi, l'un des points culminants de la Vendée, Saint-Michel-Mont-Mercure, allie le souvenir des cultes anciens et chrétiens, et plus d'une église recouvre des vestiges de temple ou de haut-lieu druidique.

Quelques bourgs, lieux de marché et d'artisanat servaient de point de ralliement à des fermes perdues dans la campagne, propriétés de seigneurs, ou de bourgeois depuis le XVIIe siècle. Les paysans, des métayers dans le meilleur des cas, y vivaient dans une misère profonde, d'autant plus malheureux que certains propriétaires, eux-mêmes peu aisés, les exploitaient fort, tout en les considérant un peu comme des parents pauvres.

C'est dans les bourgs et dans les ports de la côte que la Révolution a trouvé ses premiers partisans, parmi les notables particulièrement montés contre les petits nobles sans argent qui les méprisaient tout en leur empruntant de l'argent. Les paysans ont un peu suivi, se réveillant quand ils croient que la Nuit du 4 août a vraiment supprimé les privilèges. Mais les curés, à de rares exceptions près, en particulier sur la côte, n'ont pas quitté le parti des seigneurs.

Pays vivant sur lui-même, assez à l'écart de l'administration royale, n'ayant aucune conscience nationale, considéré comme l'un des plus arriérés de France. La Terreur : le diable, les brigands, les recruteurs qui nous enlèvent nos enfants.

C'est dans ces circonstances que se développe la révolte de la Vendée.

La Constitution civile du clergé (12 juillet 1790) a été très exploitée par les nobles et surtout par le clergé. C'est une attaque contre la religion, vécue comme une action diabolique.

Les aristocrates émigrent entraînant avec eux quelques-uns de leurs serviteurs, en Angleterre ou en Allemagne. Dans les conditions de vie particulières à la région, ce départ n'est pas pris comme un soulagement, il laisse les paysans assez désemparés. Un siècle et demi après, j'ai pu voir dans le bocage vendéen cet attachement au « *Maître* » et au « *Curé* ». Il n'avait pas varié et il a fallu les bouleversements du dernier demi-siècle pour le faire évoluer (et encore !...)

Si les paysans avaient pu voir venir les bénéfices de la suppression des droits féodaux, ils auraient peut-être eu des raisons de se réjouir, mais la bourgeoisie, elle-même propriétaire de certains de ces droits, se perd dans l'administration et rien ne change.

Si ! On fait des misères à leurs curés et à partir du 24 février 1793, on organise le recrutement des troupes. Bien entendu c'est du côté des jeunes paysans qu'on se tourne d'abord. Beaucoup sont célibataires, ils n'ont pas les moyens de se chercher des remplaçants.

A l'époque, le travail de toute la famille est nécessaire à la ferme. Peu de gros bétail, des champs petits et difficiles à cultiver, une terre ingrate, il faut beaucoup de monde pour que la famille survive.

Comment accepter de laisser les fils partir aux frontières quand on n'a même pas idée de la distance et que, pour la plupart, les paysans de Vendée ne connaissent que la route du marché et celle du pèlerinage !

Alors, c'est la révolte !...

Une révolte paysanne comme la France en a connu pendant l'ancien Régime. En face, une garde nationale très faible puisqu'elle recrute parmi les gens des bourgs favorables à la Révolution. C'est le massacre...

Les prêtres constitutionnels sont assassinés par les paysans. Les responsables des communes élus en 1791, rendus responsables de la levée des hommes sont torturés, exécutés, les registres des communes détruits. C'est d'une sauvagerie inouïe, les massacres durent un mois dans certains cantons.

C'est seulement dans cette région que l'insurrection va être victorieuse dans les campagnes, les villes restant plutôt patriotes et les régions de vigne aussi.

Cette guerre va présenter un caractère particulier. Dans les plaines il aurait été difficile de résister aux armées envoyées par l'Assemblée pour arrêter la rébellion. Dans le bocage, les paysans sont maîtres du terrain, ils mènent une « guerre de maquis », pour employer les mots d'aujourd'hui. Un chemin creux est un lieu idéal pour une embuscade. Une série de coups de feu, une patrouille encerclée, massacrée, et les assaillants disparaissent, rentrent chez eux.

Que peut l'artillerie des « *bleus* » (les soldats républicains) contre des courants d'air ?

Les nobles partis, des simples gens prennent la tête de l'insurrection, Cathelineau le voiturier, Stofflet le garde-chasse, né en Lorraine, tous ces gens sont fidèles aux nobles et au roi, attachés à l'Église, ils vont constituer une armée qu'ils mettront ensuite au service des nobles sans lui retirer son caractère populaire.

En y regardant de plus près, on s'aperçoit que la révolte vendéenne est un peu semblable à celle des citoyens les plus pauvres à Paris, quelques années plus tard : une révolte contre la bourgeoisie faisant la Révolution à son profit contre les salariés et les paysans, mais elle débouche sur le retour au passé, alors que la révolte parisienne regarde vers l'avenir.

La révolte vendéenne est « récupérée », comme on dirait aujourd'hui, par les aristocrates et les royalistes, et aussi par les Anglais et leurs alliés, ce qui lui permettra de durer, même après l'écrasement du débarquement des émigrés à Quiberon.

Mais la lutte sera longue et atroce, ponctuée de massacres, de cruautés. Aux massacres commis par les Vendéens répondent les fusillades, les fermes brûlées, les noyades de Nantes avec Carrier qui entasse des prisonniers dans des bateaux ensuite sabordés, les colonnes

Jean Chouan

...
Paysans ! paysans ! hélas ! vous aviez tort,
Mais votre souvenir n'amoindrit pas la France ;
Vous fûtes grands dans l'âpre et sinistre ignorance ;
Vous que vos rois, vos loups, vos prêtres, vos halliers
Faisaient bandits, souvent vous fûtes chevaliers ;
A travers l'affreux joug et sous l'erreur infâme
Vous avez eu l'éclair mystérieux de l'âme ;
Des rayons jaillissaient de votre aveuglement ;
Salut ! Moi le banni, je suis pour vous clément ;
L'exil n'est pas sévère aux pauvres toits de chaumes ;
Nous sommes des proscrits, vous êtes des fantômes ;
Frères, nous avons tous combattu ; nous voulions
L'avenir ; vous vouliez le passé, noirs lions ;
L'effort que nous faisions pour gravir sur la cime,
Hélas ! vous l'avez fait pour rentrer dans l'abîme ;
Nous avons tous lutté, diversement martyrs,
Tous sans ambitions et tous sans repentirs,
Nous pour fermer l'enfer, vous pour rouvrir la tombe ;
Mais sur vos tristes fronts la blancheur d'en haut tombe,
La pitié fraternelle et sublime conduit
Les fils de la clarté vers les fils de la nuit,
Et je pleure en chantant cet hymne tendre et sombre,
Moi, soldat de l'aurore, à toi, héros de l'ombre.

14 décembre 1876

Victor Hugo, *La Légende des siècles*
(Édition définitive,
Hetzel et Quentin, 1883-1884)

infernales de Turreau, sans compter de multiples exactions individuelles. Tout cela, grossi par la légende, constitue, dans les deux camps, toute une histoire de la Vendée qui marque encore cette région aujourd'hui.

Ce qui est aussi dans la légende, c'est la technique de cette guerre, utilisant le terrain, faisant de chaque habitant un soldat, quels que soient l'âge ou le sexe. Signaux des ailes des moulins au Mont des Alouettes, messages républicains au creux des chênes protégés des « blancs » pour leur caractère magique, enterrements aux cercueils truqués, histoires innombrables où l'adversaire est toujours ridiculisé.

Mais les traces sont encore là et dans certains villages de Vendée, le maire, « *Notre maître* », peut encore refuser de considérer le 14 juillet comme la Fête nationale. Il a, et il n'est sans doute pas le seul, refusé une fois pour toutes de reconnaître la disparition de la royauté.

Les assignats, monnaie de papier

Une période révolutionnaire n'est jamais favorable aux finances du pays.

La situation des caisses de l'État n'avait rien de réjouissant.

En gros, elles étaient vides !

Quand, le premier janvier 1791, les anciens impôts disparaissent, les nouveaux ne sont pas encore organisés et collectés.

Où trouver de l'argent dans un moment où chacun se demande si le nouveau pouvoir est bien solide ? Emprunter ? Necker a essayé en août 1789 sans récolter beaucoup d'argent.

Les grandes familles commencent à quitter la France en emportant leurs capitaux. Amorcé après la prise de la Bastille, le mouvement d'émigration va continuer en s'amplifiant.

C'est à ce moment qu'on décide de mettre en vente les biens du Clergé « *mis à la disposition de la nation* », le 2 novembre 1789.

Mais l'État prend en charge l'entretien des prêtres, ce qui accroît ses dépenses et rend la nécessité de la vente des biens plus impérieuse.

Pour avoir de l'argent immédiatement, on crée des billets de 1 000 livres pour une valeur totale de 400 millions de livres. Ces billets ou *assignats* rapportaient un intérêt et pouvaient être utilisés à acheter les biens du clergé mis en vente.

Comme il ne s'agissait pas de billets de banque, ils devaient être détruits après l'achat des biens.

Si le système avait bien fonctionné, l'Assemblée aurait pu prendre le temps de respirer un peu et mettre en place des nouveaux impôts.

Malheureusement, peu de gens riches font confiance à la Révolution pour les finances, même s'ils approuvent les réformes, d'autres s'interrogent sur le droit d'acheter les biens de l'Église. N'est-ce pas une attitude contraire à la religion ?

Tant et si bien que l'Assemblée change les assignats en papier-monnaie, sans intérêt, et en fabrique pour 1 200 millions, une somme énorme pour l'époque.

Pour faciliter les achats, on crée des billets de 50 livres, puis de 5 livres.

Il y a donc deux monnaies en circulation : les pièces et les billets.

Comment va réagir la population ?

Ceux qui vivent au jour le jour n'ont pas, au départ, de raison de se méfier, ceux qui possèdent des pièces n'ont pas envie de les remplacer par des billets, ils ne font pas confiance à la nouvelle monnaie. D'ailleurs une expérience de ce genre avait mal tourné avec la banqueroute de Law et de la compagnie des Indes sous la Régence, avant le règne de Louis XV. Les bourgeois ont bonne mémoire quand il s'agit d'argent !

Peu à peu, la monnaie de métal disparaît, les marchandises sont vendues à deux prix, l'un si on paie en pièces, l'autre si on paie en papier. Très rapidement il faut 125 ou 130 livres en assignats pour un achat de 100 livres en monnaie métallique. *C'est l'inflation.*

L'assignat perd de sa valeur, mais sert toujours à acheter les biens du clergé.

Pendant que le petit peuple voit s'aggraver ses conditions d'existence, la petite bourgeoisie baisser ses revenus, les spéculateurs, les trafiquants de toute origine, amassent des biens, achètent maisons et terres du clergé.

A la campagne, un certain nombre de paysans aisés achètent des terres et renforcent leurs propriétés, la bourgeoisie dans les villes et souvent à la campagne augmente considérablement ses propriétés.

Les assignats ont perdu beaucoup de leur valeur par la suite, jusqu'à leur disparition. Si tu vas chez des antiquaires ou chez des bouquinistes, ou même dans certains greniers de famille, tu peux parfois en trouver de pleins coffrets.

Cependant à un moment de notre histoire, ils ont été un des instruments de la Révolution en aidant la propriété à changer de mains. Ils constituent par ailleurs un jalon dans l'évolution de la monnaie et dans l'histoire des échanges.

« Cette Révolution à qui tu dois tant »

Cette phrase, les vieux républicains du XIXe siècle la répèteront sans cesse aux jeunes générations, et l'école publique après 1884 a aussi pour ambition « *d'apprendre la République* », héritière de 1789, comme de donner la lecture, l'écriture et les connaissances élémentaires à tous les citoyens.

Essayons de voir ce qui reste de cette œuvre révolutionnaire, quand l'Empire prend la France en main.

D'abord des *idées* :

- Celle de la liberté de « faire tout ce qui ne nuit pas à autrui ».
- Celle de la suppression de certains droits hérités de la féodalité.
- Celle de la tolérance en matière religieuse.
- Celle de l'égalité de certains droits.
- Celle de la nécessité d'une éducation publique.

Ensuite des *institutions :*

- *La Déclaration des Droits de l'Homme* (1789).
- *La Marseillaise.*
- La création des départements (1790).
- Le Muséum d'histoire naturelle (1793).
- L'École normale destinée à former les professeurs (1794).

— L'École militaire (1794).
— L'École polytechnique (1795).
— L'École centrale des travaux publics (1795).
— L'École des langues orientales (1795).
— Le Jury des tribunaux criminels.
— La Cour de cassation.
— Le Musée des monuments français (1795).
— L'Académie des sciences morales et politiques.
— Le Musée national du Louvre (1794).

Des changements profonds :

— Suppression de la torture et du pilori.
— Liberté de rompre le mariage par le divorce *.
— Liberté de la presse *.
— Création de fêtes non religieuses (14 juillet) *.
— Abolition de l'esclavage dans les colonies *.
— Création d'une école obligatoire et laïque *.
— Liberté de rompre les vœux des religieux et religieuses.

Sans doute les réformes marquées du signe * sont-elles vite détruites après Thermidor, leur reconquête est l'œuvre du XIXe siècle, mais le point de départ demeure la mesure révolutionnaire.

Un événement de portée mondiale :
« Le Système Métrique »

La Constituante avait dès 1790 commencé l'étude d'un nouveau système de poids et mesures.

Il s'agissait d'arriver à un système unique destiné à remplacer les coutumes régionales, variées, gênantes pour les activités économiques.

C'est à la fois une extraordinaire aventure et pour nous une source de réflexions.

Le système métrique date du 18 Germinal de l'an III (7 avril 1795), il ne devient obligatoire en France qu'à partir de 1840, mais les anciennes mesures subsistent jusqu'à nos jours dans la langue, et parfois dans la vie. Progressivement, tous les pays du monde appliquent le système métrique décimal français, mais après deux siècles on ne peut encore affirmer qu'il est universel.

Réfléchis bien à cette difficulté de changer les mentalités dans les pratiques les plus quotidiennes. La technique change vite, l'organisation de la société beaucoup moins vite, quant aux habitudes elles sont bien lentes à évoluer (combien de gens en France parlent encore en « *anciens francs* », alors que depuis 1959 on compte autrement ?).

Mieux encore la pièce de cinq francs est souvent appelée pièce de « *Cent sous* », alors que le « *sol* » (ou le sou) a disparu depuis longtemps. On gagne et on dépense toujours « *ses sous* ».

Au fait, et les péages ?

Quand j'étais enfant on se réjouissait de voir les routes et les ponts sans péage et on considérait que c'était là une importante conquête de la Révolution.

Aujourd'hui on a rétabli les péages sur les autoroutes et sur certains ponts !...

Tu vois bien que toutes les conquêtes sont fragiles !...

Des hommes, des femmes et des enfants

La garde nationale

La garde nationale est née de la milice bourgeoise de Paris dans les jours qui ont précédé la prise de la Bastille.

Mets-toi un instant à la place d'un bon (et riche...) bourgeois parisien qui a beaucoup aidé à envoyer à Versailles des députés sérieux, décidés à changer un peu les choses, à permettre aux gens assez riches de participer au pouvoir, d'y remplacer ces fainéants de nobles, et qui voit le peuple s'armer ! « C'est que ça pourrait devenir dangereux, cher ami ! »

Et puis ces nobles, ne sont-ils pas officiers dans les régiments que le roi a fait masser autour de Paris, en disant que c'est pour éviter les émeutes ? Mais les bourgeois de Paris ont des souvenirs, et le roi, la cour, peuvent bien essayer de reprendre par la force ce que le tiers état a fini par obtenir.

D'inquiétude en inquiétude on crée le 13 juillet 1789 *une milice bourgeoise.* Chaque district doit fournir 800 citoyens en état de porter les armes. Ce n'est pas rien, ça fait 48 000 hommes pour toute la ville.

L'opération se termine par la prise de la Bastille avec le succès que l'on sait et la participation de gens qui n'étaient pas des bourgeois, si on en juge par la liste des victimes, mais c'est la bourgeoisie parisienne qui en tire bénéfice.

C'est de là, de ces événements contradictoires, que naît cette milice appelée *garde nationale,* chargée de la sécurité intérieure du pays, l'armée royale étant destinée à la sécurité des frontières.

A Paris, elle compte 24 000 volontaires et 6 000 permanents payés (*soldés* comme on dit à l'époque). Les volontaires doivent payer un équipement si cher que seuls les bourgeois aisés peuvent en faire partie. Le seul qui semble avoir trouvé ce système dangereux, Robespierre demande pour les pauvres, les citoyens passifs, le droit à être membre de la garde national :

« *Ceux qui sont pauvres deviennent-ils par là des étrangers, des esclaves ?* »

Elle a fière allure cette garde, habillée de tricolore à ses frais ! Sur ses drapeaux, tricolores aussi, une devise :

« *Le peuple français, la liberté ou la mort !* »

La cocarde tricolore est née dans la garde nationale de Paris, elle a été étendue à toutes les gardes nationales des nouveaux départements.

Ce n'est qu'après qu'elle deviendra le drapeau de la nation.

La garde nationale participe en province également au soutien de la Révolution, en Corse elle désarme la garnison et emprisonne les officiers, à Toulon elle prend le parti du peuple contre la troupe. Par contre, à Lannion, où on s'attaque aux réserves de vivres, elle fait œuvre commune avec la troupe. Les bourgeois protègent leurs stocks et leur argent !

Après le 10 août 1792, l'entrée de tous les citoyens dans la garde nationale entraîne un bouleversement profond. Il faut attendre la chute de Robespierre pour que peu à peu la garde reprenne son rôle de soutien de l'ordre.

> « *La prise de la Bastille est principalement due à 10 000 pauvres ouvriers du Faubourg Saint-Antoine.* »
>
> Marat

Les Sans-culottes

Les Sans-culottes défilent, et tout d'abord pourquoi s'appellent-ils ainsi ?

C'est que leur costume diffère de celui des aristocrates et des bourgeois.

Le seigneur porte le bicorne noir, la cocarde blanche, la perruque blanche à rouleaux et le catogan. Cravate, jabot et manchettes blancs, manteau coloré, par exemple vert pomme bordé de galon doré, brandebourgs à glands dorés, col, revers et manches rouges bordés de galon doré, *culotte de couleur,* jaune par exemple, bas blancs, bottes montantes.

Soyons précis, la culotte est une pièce du vêtement masculin qui couvre le corps de la ceinture au genou.

Au début de la Révolution, les députés du tiers état portent un uniforme. Cet uniforme, les gens de la cour l'ont voulu très différent de celui des nobles et de celui du Haut Clergé très coloré, suivant la place des prêtres dans la hiérarchie de l'Église.

Bicorne noir, perruque à rouleaux blanche, cravate, jabot et manchettes blancs, cape, habit, gilet, culotte et bas noirs, souliers à boucles.

Les citoyens révolutionnaires, les bourgeois, les députés des diverses assemblées, recrutés dans la partie aisée de la population vont porter un costume plus sobre, mais très proche de celui de la noblesse.

Par exemple : Bicorne noir, cocarde tricolore, perruque blonde à catogan, cravate blanche, habit rouge, gilet vert rayé jaune, boutons jaunes, culotte grise, bottes à revers beiges.

Avec quelques variantes c'est ainsi qu'apparaîtront Saint-Just et Robespierre.

Tous ces gens portent la culotte et cependant ils vont aussi être appelés les sans-culottes et être classés dans ce qu'on appellera *la sans-culotterie.*

Le nom de « *sans-culottes* » semble bien avoir été, au départ, un terme de mépris pour les hommes du peuple qui ont constitué les troupes de la Révolution, non seulement à Paris, mais aussi dans les villes, petites ou grandes. Les hommes du peuple portent *le pantalon,* héritage sans doute des « *braies* » portées par les habitants de la Gaule, même si son nom vient du personnage de *Pantalone* dans la comédie italienne jouée sur les tréteaux des foires.

Ils entrent peu à peu dans la Révolution, bien qu'au départ ils n'aient pas le droit de vote, ni celui d'assister aux réunions des Clubs. Ce sont des ouvriers des faubourgs : artisans, compagnons, porte-faix, gagne-deniers qui vivent de petits travaux, des gens de la campagne sans travail venus vers les villes dans l'espoir d'en trouver. Ils portent le pantalon en tissu de mauvaise qualité, la petite veste, ou *carmagnole,* une chemise. Bientôt, les pantalons seront faits dans une étoffe à rayures tricolores et ils porteront une coiffure imitée de l'antiquité, le bonnet phrygien, rouge, souvenir de la coiffure des esclaves libérés dans la Grèce ancienne.

Mais les aristocrates appellent *sans-culottes* tous les partisans de la Révolution et, très vite, les révolutionnaires adoptent ce nom qui marque bien leur rupture avec la noblesse et les riches.

La citoyenne de *la Sans-culotterie* se remarque à son bonnet blanc, aux rubans et cocardes tricolores, son fichu et ses manchettes blancs, sa carmagnole de couleur, sa jupe rayée et tricolore, son tablier et ses bas bleus.

A partir du 10 août 1792 et jusqu'au 9 Thermidor et à la chute de Robespierre, les Sans-culottes sont les piliers de la Révolution.

Sont-ils nombreux ? Les historiens pensent qu'ils représentent à peu près 10 % des adultes dans une ville comme Paris. En majorité, ce sont des artisans et des boutiquiers auxquels se joignent des ouvriers et des bourgeois. Peu de paysans, même en province. S'il y a quelques jeunes, la plupart des sans-culottes sont des hommes adultes, mariés, pères de famille. Les jeunes sont souvent à l'armée à partir de 1791-1792.

Les femmes participent activement à la Révolution, mais en petit nombre et les sans-culottes hommes sont le plus souvent contre leur entrée dans la vie politique. Néanmoins elles font souvent parler d'elles, en particulier dans tout ce qui concerne les approvisionnements, ce qu'on appelle *les subsistances,* c'est-à-dire les denrées considérées comme très nécessaires (pain, savon, sucre, viande, vin...).

Le sans-culotte, c'est avant tout l'homme ou la femme qui a pris pour devise celle de la République :

« *Liberté — Égalité — Fraternité* »

et qui se reconnaît dans le cri :

« *La liberté ou la mort !* »

C'est l'un d'eux, Lequinio, qui, s'adressant aux citoyens de Rochefort, dit que le bonheur de l'homme est « *au dedans de lui-même, dans le fond de son cœur, dans l'abnégation de soi-même, dans le travail et l'amour des autres, voilà tout le secret* »...

C'est aussi Saint-Just disant :

« *Le bonheur est une idée neuve en Europe* ».

Quand la chute de Robespierre permet aux adversaires des sans-culottes de se remettre de leur peur du peuple, ces contre-révolutionnaires participent à la chasse aux

Remettez vos culottes !

Rhabillez-vous, peuple français,
Ne donnez plus dans les excès
De nos faux patriotes,
Ne croyez plus qu'aller tous nus
Soit une preuve de vertu,
Remettez vos culottes !

Méfiez-vous de l'intrigant,
Vantant le costume indécent
De nos faux patriotes,
Ne poussez plus la liberté
Au point d'être déculottés,
Remettez vos culottes !

Distinguez de l'homme de bien
Le paresseux et le vaurien
Et les faux patriotes,
Gens habiles, laborieux,
Ne vous déguisez plus en gueux
Remettez vos culottes.

Jamais ne jugez sur l'habit
Du sot, ou de l'homme d'esprit
Et des faux patriotes,
Banquiers, rentiers, riches marchands,
Feraient périr mille artisans,
S'ils allaient sans culottes.

N'imitez plus, il en est temps,
Ces populaires charlatans
Pillant les patriotes.
Dieu fit l'industrie et les mains,
Pour faire vivre les humains
Et gagner des culottes.

De l'homme, défendez les droits,
Surtout, obéissez aux lois,
Comme bons patriotes,
Concitoyens, sans vous fâcher,
Cachez ce que l'on doit cacher,
Remettez vos culottes !

Chanson publiée sous le Directoire

patriotes et leurs costumes essaient de se différencier à la fois de l'ancienne mode et de la tenue des sans-culottes. *Incroyables* et *Merveilleux* n'auront qu'un temps et l'Empire remettra en honneur l'habit à la française, qu'on porte encore parfois dans les réceptions.

L'habit des sans-culottes et leur bonnet phrygien se sont perpétués dans les fêtes populaires. On les retrouve en 1936 et en 1945. Pourquoi pas en 1989 pour fêter ce deuxième siècle de République ?

Des savants dans la Révolution

On a beaucoup calomnié la Révolution et en particulier pour son attitude envers les savants et les artistes. On a même inventé, à propos de l'exécution du financier chimiste Lavoisier, une phrase qui aurait été prononcée à l'époque. Suivant les versions on dit : « *La République n'a pas besoin de savants* » ou « *La République n'a pas besoin de chimistes* ».

Sans doute Lavoisier fut-il exécuté avec les autres fermiers-généraux. Les révolutionnaires ont sur les financiers la même opinion que Montesquieu qu'ils admirent : « *Les financiers soutiennent l'État comme la corde soutient le pendu.* »

Deux exemples permettent de comprendre ce que pensent vraiment les hommes de la Révolution.

Le télégraphe optique

Le projet déjà soumis à l'assemblée législative est simple.

Il suffit d'installer sur les hauteurs, à distance convenable, une sorte de bras de bois, manœuvré suivant un langage convenu et permettant la transmission des nouvelles. En fait, les Chouans avec les moulins et les Conventionnels avec le télégraphe emploient la même technique.

Lakanal et Daunou sont chargés par la Convention de suivre le projet le 5 avril 1793.

Le 12 avril on fait un essai, un poste à Paris dans le Parc de Le Peletier de Saint-Fargeau (l'endroit s'appelle toujours « *Télégraphe* ») un autre à Écouen, un troisième à Saint-Martin-du-Tertre. Succès complet !

Lakanal dès le 26 avril rend compte à la Convention.

Chappe est félicité, nommé *Ingénieur télégraphe* et le Comité de Salut Public chargé de faire installer les lignes. Priorité est donnée à la ligne Paris-Lille.

On installe seize relais, on fabrique un code *Dictionnaire du langage télégraphique* et un *Vocabulaire de phrases,* on forme des opérateurs.

Le 28 Thermidor de l'an II (15 août 1794), c'est-à-dire à peine un an plus tard, la victoire des troupes françaises au Quesnoy parvient à Paris une heure après.

C'est un merveilleux moyen donné à la Convention de contrôler la situation dans un territoire.

La Convention, mais aussi le peuple, les fabricants d'images et de chansons s'en donnent à cœur joie.

Communiquer à distance, le vieux rêve des hommes a une fois encore trouvé le moyen de se mettre au service de la liberté.

Les ballons d'observation

Beaucoup d'ascensions ont eu lieu depuis celle des frères Montgolfier en 1783.

Carnot a même écrit un *Mémoire sur les Ballons* et un autre Conventionnel, Guyton, pense déjà à en tirer parti pour les actions militaires.

Le 25 octobre 1793, le Comité de Salut Public ordonne de construire un ballon « *capable de porter deux hommes, pour faire des observations à l'armée du Nord* ». D'expérience en expérience, le 29 mars 1794, un ballon s'élève avec succès à Meudon, principal centre des travaux scientifiques.

Quatre jours plus tard, on crée une *Compagnie d'aérostiers* pour entraîner les futurs utilisateurs du ballon.

Le 20 avril, ils sont envoyés à Maubeuge et le 10 mai, Guyton vient inspecter la compagnie.

Le 13 juin, le ballon est au-dessus de Maubeuge et un canon ennemi lui tire dessus.

Le 23 juin, il survole Charleroi.

Le 26 juin il plane sur la bataille de Fleurus et ses renseignements permettent de la gagner.

Lakanal s'enthousiasme et avec lui la Convention !

Quelques savants révolutionnaires

BAILLY (1736-1793)

Il fut maire de Paris et porte la responsabilité des fusillades du Champ de Mars en 1791.

Mathématicien et astronome, membre de l'Académie des sciences et de l'Académie française.

BICHAT (1771-1802)

Il dirigea le Grand hospice de l'humanité (nom révolutionnaire de l'Hôtel-Dieu).

Il révolutionna l'anatomie et la physiologie.

CARNOT (1743-1823)

Ingénieur sorti de l'École du génie, il est considéré comme l'un des organisateurs des victoires de la Convention.

CONDORCET (1743-1794)

Mathématicien et philosophe, membre de l'Académie des sciences et de l'Académie française.

Lagrange (1736-1813)

Mathématicien.

La Révolution le fait président de la Commission chargée de l'établissement du système métrique. Professeur à l'École Polytechnique.

Marat (1743-1793)

Médecin et chercheur avant de devenir le journaliste de *L'Ami du Peuple.*

Monge (1746-1818)

Mathématicien, membre de l'Académie des sciences, il fonde les poudrières et les fonderies.

Créateur de l'école Centrale et de l'école Polytechnique.

Romme (1750-1795)

Mathématicien, créateur du calendrier révolutionnaire.

Il suffit de regarder les dates de décès de ces personnages, de se rappeler que Marat a été assassiné par les contre-révolutionnaires, et que Romme a été victime des contre-révolutionnaires après Thermidor, pour voir qu'en dehors de Lavoisier et de Bailly, ils n'ont pas été exécutés. Le cas de Condorcet n'est pas clair. S'est-il suicidé ?

La République avait besoin de savants.

Et elle tenait grand cas de leurs avis, leur donnant les moyens de travailler.

Des mercenaires ? Non ! des citoyens-soldats !

Il n'est pas facile d'hériter d'une armée recrutée comme on l'a vu (p. 145) et composée de mercenaires, soldats de métier, quand on veut mettre sur pied une armée de la nation française !

Il est difficile de faire fonctionner une armée quand la plupart des officiers ne pensent qu'à quitter le pays et que les soldats voient autour d'eux tout changer sans que les vieilles habitudes militaires bougent !

Il faut bien dire que la discipline militaire n'est pas un système très démocratique.

Quelle bataille à l'époque pour savoir si les soldats doivent « faire de la politique », comme on dirait aujourd'hui !

Robespierre avait proposé en juin 1791 le licenciement de tous les officiers. Seuls seront repris ceux qui le désirent et approuvent la Révolution. L'Assemblée se contente alors de demander une sorte de serment assez modéré. Un officier sur cinq environ refuse de le signer et, en général, surtout après la fuite du roi, gagne l'armée des émigrés.

Un député, Dubois-Crancé, pourtant ancien mousquetaire, demande, dès décembre 1789, une armée nationale dont seuls seraient exclus le roi et les citoyens passifs, sans accepter la formule du remplacement qui permet aux riches de payer un mercenaire. Il prévoit une sorte de service militaire à mi-temps pour permettre aux soldats de participer à la production et au commerce.

C'est une idée qui va faire son chemin avec des variantes

et Jaurès s'en inspirera encore au début du XXe siècle quand il écrira *L'Armée Nouvelle.*

Mais on n'écoute pas Dubois-Crancé.

Il faut dire qu'après la fuite du roi et les rumeurs de guerre, les volontaires sont nombreux. L'âge n'est pas fixé et on enrôle des jeunes de quinze à dix-huit ans, on signale même des volontaires de douze ans accompagnant leur père. Certains de ces volontaires sont poussés et payés par des bourgeois, peu portés sur les risques et les aventures pour eux-mêmes, mais très soucieux de protéger les conquêtes de la Révolution dont ils profitent largement.

Ces troupes élisent leurs officiers. Certains des généraux de Napoléon ont commencé leur carrière militaire comme officiers élus.

On n'a pas pris garde que de nombreux citoyens passifs, c'est-à-dire des citoyens pauvres, se sont engagés pour défendre le nouveau régime. Ils vont changer l'allure de cette armée nouvelle.

Mais du côté gouvernemental on a tendance à oublier que les volontaires ont signé un engagement d'un an. Après les premiers succès, quand les troupes étrangères quittent le territoire français, les volontaires décident de retourner chez eux.

L'exécution du roi entraînant une guerre plus rude, on essaie de les retenir, mais sans grand succès et Dubois-Crancé, encore lui, s'en rend compte, les bataillons de volontaires fondent comme neige au soleil...

C'est pourquoi il propose à la Convention la levée en masse de 300 000 hommes, décidée le 21 février 1793. Peuvent partir à l'armée des célibataires et les veufs sans enfants, de dix-huit à quarante ans. Devant les difficultés de maintenir le système des volontaires, le 23 août, sous la pression des sans-culottes, l'Assemblée décrète la levée en masse dans un texte qu'il faut lire à haute voix pour en comprendre toute l'émotion :

La levée en masse

« Dès ce moment jusqu'à celui où les ennemis auront été chassés du territoire de la République, tous les Français sont en réquisition permanente pour le service des armées. Les jeunes gens iront au combat ; les hommes mariés forgeront les armes et transporteront les subsistances ; les femmes feront des tentes et serviront dans les hôpitaux ; les enfants mettront le vieux linge en charpie (pour les pansements) ; les vieillards se feront porter sur les places publiques pour exciter le courage des guerriers, prêcher la haine des rois et l'unité de la République. Les maisons nationales seront converties en casernes, les places publiques en ateliers d'armes, le sol des caves sera lessivé pour en extraire le salpêtre. Les armes de calibre seront exclusivement remises à ceux qui marcheront à l'ennemi ; le service intérieur se fera avec des fusils de chasse et à l'arme blanche. »

La Convention se contente de lever les sept classes d'âge des plus jeunes (dix-huit à vingt-cinq ans).

C'est ainsi que 500 000 hommes au moins rejoignent les armées dans les mois d'octobre et novembre 1793.

Au Comité de Salut Public, Lazare Carnot et Prieur de la Côte d'Or donnent à ces soldats les moyens de se battre. Tout ce que la République compte de savants patriotes est associé à ce travail. Monge s'occupe des poudres, mais aussi des ballons utilisés pour la première fois, de la fabrication des fusils. Berthollet, chimiste, accélère par ses découvertes la production de la poudre, Fourcroy récupère le métal des cloches pour en faire des canons, travaille sur les mines. Robespierre, Saint-Just, Couthon participent de très près aux travaux.

C'est ainsi qu'on voit apparaître des forges dans le Jardin du Luxembourg, sur l'Esplanade des Invalides. En tout 258 forges pour Paris avec une ambition : 1000 canons par jour (on arrivera à 600). Carnot souhaite que ces forges publiques soient sous la surveillance de la population. C'est donner au peuple le spectacle de sa force.

Comment mêler les jeunes et les vieux soldats ?

L'armée est double au départ.

Les « *culs blancs* » sont de vieux soldats, des techniciens, habitués à la discipline, obéissant à des chefs sur lesquels ils n'ont aucun pouvoir, ainsi appelés parce que leur uniforme comporte une culotte blanche.

Les « *bleuets* », jeunes volontaires, sont engagés pour un an au plus, ils sont mieux payés et élisent leurs chefs. Ils sont, théoriquement du moins, habillés de bleu.

On en vient aux mains et aux coups quand on se rencontre !

Peu à peu, on arrive à se tolérer et à faire la guerre ensemble, mais les bataillons restent différents.

A partir de février 1793, on va procéder à *l'amalgame*, c'est-à-dire au mélange des soldats des deux origines. Comme dit Dubois-Crancé « *L'unité dans la République exige l'unité dans l'armée* » et Saint-Just l'approuve.

Tout le monde aura la même solde, le même uniforme.

Les représentants en mission sont chargés d'accélérer l'amalgame.

La première victoire de l'amalgame c'est Fleurus (26 juin 1794).

Les Représentants en mission

A une période où les déplacements sont longs et parfois difficiles, où les nouvelles arrivent lentement au gouvernement, les assemblées, la Législative d'abord, puis la Convention envoient certains de leurs membres en mission.

Ceux qui accompagnent les armées n'ont pas la vie facile. Saint-Just les voyait ainsi :

> *Les représentants en mission*
>
> *« Les représentants en mission doivent être les pères et les amis du soldat. Ils doivent coucher sous la tente, ils doivent être présents aux exercices militaires, ils doivent être peu familiers avec les généraux, afin que le soldat ait plus confiance dans leur justice et leur impartialité quand il les aborde. Les représentants doivent manger seuls. Ils doivent être frugals et se souvenir qu'ils répondent du salut public et que la chute éternelle des rois est préférable à la mollesse passagère. »*

Saint-Just, à la bataille de Fleurus, charge l'ennemi à la tête des colonnes d'assaut. Mais il refuse d'en faire le rapport à la Convention disant :

> *« J'aime beaucoup qu'on annonce des victoires, mais je ne veux pas qu'elles deviennent des prétextes de vanité. »*

Il est alors, le 9 Thermidor, à la veille de sa mort, ce qui dépeint bien le caractère de ces hommes.

La guerre révolutionnaire

La guerre, sous l'ancien régime, c'est un peu l'histoire de la bataille de Fontenoy (1745). Les armées manœuvrent, on se salue bien bas et « *Tirez les premiers, messieurs les Anglais...* »

C'est une sorte de grande partie d'échecs, avec son côté macabre, les mouvements des troupes, les manœuvres et le combat sur trois rangs de l'infanterie. Un rang tire. Deux rangs rechargent leurs fusils (par le canon), on se fusille comme à la parade, mais avec des soldats-robots super-entrainés, dont le soldat prussien constitue le modèle.

Pas question de faire la guerre de cette façon avec des volontaires rapidement instruits. Les premiers essais sont des désastres.

Mais pour la première fois une armée régulière sait pourquoi elle se bat. Elle est celle d'un peuple qui a fait la Révolution et veut qu'elle dure.

Alors on utilise le terrain, passant de la charge furieuse à la baïonnette, au tir individuel. La parade disparait, on charge au cri de « *Vive la Nation !* », « *Vive la République !* ». Les officiers sortis du rang ont l'âge de leurs soldats, les généraux ont vingt-cinq ans. On devient vite officier !

Quand la guerre est sur le territoire national, les civils sont aux côtés de l'armée, la renseignent, la ravitaillent. On se prive ensemble, on se bat même en hiver. Plus vite on en aura fini, plus vite on rentrera à la maison.

Carnot devient le théoricien de cette tactique née du combat et de la guerre révolutionnaire.

> « *Il faut chercher l'art d'attaquer toujours l'ennemi où il est faible et avec une supériorité de forces telle que la victoire ne puisse jamais être douteuse.* »

Les Soldats de l'an II

Ô soldats de l'an deux ! ô guerres ! épopées !
Contre les rois tirant ensemble leurs épées,
Prussiens, Autrichiens,
Contre toutes les Tyrs et toutes les Sodomes,
Contre le czar du Nord, contre ce chasseur d'hommes,
Suivi de tous ses chiens,

Contre toute l'Europe avec ses capitaines,
Avec ses fantassins couvrant au loin les plaines,
Avec ses cavaliers,
Tout entière debout comme une hydre vivante,
Ils chantaient, ils allaient, l'âme sans épouvante
Et les pieds sans souliers !

Au levant, au couchant, partout, au sud, au pôle,
Avec de vieux fusils sonnant sur leur épaule,
Passant torrents et monts,
Sans repos, sans sommeil, coudes percés, sans vivres,
Ils allaient, fiers, joyeux, et soufflant dans les cuivres,
Ainsi que des démons !

La liberté sublime emplissait leurs pensées.
Flottes prises d'assaut, frontières effacées
Sous leur pas souverain,
Ô France, tous les jours c'était quelque prodige,
Chocs, rencontres, combats ; et Joubert sur l'Adige,
Et Marceau sur le Rhin !

On battait l'avant-garde, on culbutait le centre ;
Dans la pluie et la neige, et de l'eau jusqu'au ventre,
On allait ! en avant !

Et l'un offrait la paix, et l'autre ouvrait ses portes,
Et les trônes, roulant comme des feuilles mortes,
Se dispersaient au vent !

Oh ! que vous étiez grands au milieu des mêlées,
Soldats ! L'œil plein d'éclairs, faces échevelées
Dans le noir tourbillon,
Ils rayonnaient, debout, ardents, dressant la tête ;
Et comme les lions aspirent la tempête
Quand souffle l'aquilon,

Eux, dans l'emportement de leurs luttes épiques,
Ivres, ils savouraient tous les bruits héroïques,
Le fer heurtant le fer,
La Marseillaise ailée et volant dans les balles,
Les tambours, les obus, les bombes, les cymbales,
Et ton rire, ô Kléber !

La Révolution leur criait : « Volontaires,
Mourez pour délivrer tous les peuples vos frères ! »
Contents, ils disaient oui.
« Allez, mes vieux soldats, mes généraux imberbes ! »
Et l'on voyait marcher ces va-nu-pieds superbes
Sur le monde ébloui !

La tristesse et la peur leur étaient inconnues ;
Ils eussent, sans nul doute, escaladé les nues,
Si ces audacieux,
En retournant les yeux dans leur course olympique,
Avaient vu derrière eux la grande République
Montrant du doigt les cieux !

Janvier 1853. Jersey
Victor Hugo, *Les Châtiments*
(Bruxelles, Samuel, 1853)

Bonaparte utilise ce changement qui rend longtemps ses armes invincibles, sauf quand il se heurte en Espagne et en Russie à des peuples menant à leur tour une guerre de libération contre une armée devenue une armée de conquête.

Mais la révolution dans la guerre, déjà commencée dans la guerre d'indépendance américaine, devait changer toutes les guerres du XIXe siècle.

Après la Révolution française, on ne se bat plus comme avant même si, hélas, on se bat toujours.

Les « Généraux imberbes »

« *Allez mes vieux soldats, mes généraux imberbes* »
Victor Hugo,

Lazare Hoche (1768-1797)

En 1789, il est sergent. En 1794, il est commandant en chef.

Libérateur de l'Alsace, ami de Saint-Just, il est cependant mis en prison, libéré après la chute de Robespierre, il est envoyé en Vendée pour rétablir la paix.

Il réussira à éviter les affrontements avec la population et repoussera le débarquement de Quiberon (juillet 1795), d'où son titre de « *Pacificateur de la Vendée* ».

Jean-Baptiste Kléber (1753-1800)

Alsacien, il s'engage dans la garde nationale et est général en 1793.

Avec Saint-Just, il gagne la bataille de Fleurus (24 juin 1794).

Général dans l'armée d'Orient aux côtés de Bonaparte qui l'abandonne en Egypte, il est assassiné au Caire en 1800.

François Séverin Marceau (1769-1796)

A quinze ans il s'engage dans un régiment en Eure-et-Loir.

Capitaine pendant la guerre de Vendée.

Victorieux au Mans en 1793.

Participe à Fleurus en 1794 et meurt sur le champ de bataille d'Altenkirchen à vingt-sept ans.

La tradition rapporte que son adversaire autrichien l'archiduc Charles fait saluer sa dépouille mortelle par ses troupes et interrompt le combat.

Ces courtes biographies montrent bien ce qu'étaient ces hommes du peuple, « *sortis du rang* » et devenus des artisans de la guerre révolutionnaire. Libérés des anciennes pratiques militaires, soldats d'un régime qu'ils avaient contribué à construire, ils apportaient à la guerre une dimension nouvelle, partageant la vie de leurs hommes et souffrant les mêmes douleurs, ils avaient aussi la volonté de voir « *la Révolution victorieuse* ».

D'autres généraux accompagnent Bonaparte dans son ascension et sont anoblis à ses côtés. Ils ne nous paraissent pas de la même promotion !

Les enfants héroïques de 93

La Révolution a été, comme toutes les luttes pour la liberté, le temps où de très jeunes garçons ont pris part aux diverses batailles.

Comme tu le sais, l'armée révolutionnaire a souvent ouvert ses rangs à de très jeunes gens, quatorze ans, quinze ans et parfois moins.

Mais la contre-révolution aussi a trouvé face à elle de très jeunes combattants de la Révolution.

Deux d'entre eux, pendant les années 1793 et les suivantes, mais aussi pendant tout le XIXe siècle, entrent dans la légende. Tous les livres d'histoire de l'école publique, les fameux Lavisse qu'on trouve encore dans les bibliothèques et les greniers, parlent de Bara et de Viala.

Joseph BARA

Né en 1779 en Ile-de-France, à Palaiseau, il s'engage comme hussard de la République. Le voilà dans l'armée et plongé dans les combats de la guerre de Vendée. Un jour, au détour d'un chemin creux, la patrouille tombe dans une embuscade. Que s'est-il passé exactement ? Il n'est pas facile de démêler la vérité de la légende... Peut-être, compte tenu de sa jeunesse, les Chouans ont-il voulu lui proposer une possibilité de survivre.

« *Crie Vive le roi* » disent-ils.
Bara prend son élan et hurle :
« *Vive la République !* »
Il tombe massacré, près de Cholet, en 1793.

Dans la Résistance, entre 1940 et 1944, plusieurs groupes armés ont porté le nom de Bara, hommage né de la légende révolutionnaire.

Joseph Agricol VIALA

Né en 1780, il meurt en 1793 à l'âge de treize ans.

Il sera, lui, victime de la contre-révolution du Midi. Sa mort au cours d'un combat pour empêcher les royalistes de traverser la Durance sera pour les révolutionnaires l'occasion de faire de lui un héros.

C'est ainsi que va se magnifier dans la légende un sacrifice qui rappelle les grands mythes de l'Antiquité.

C'est une morale révolutionnaire qui est celle de la fidélité à un idéal, de l'oubli de soi, et qu'on retrouve dans les textes des discours.

L'exemple de Bara et de Viala a été suivi par tous les jeunes des insurrections du XIXe siècle et de la Commune.

Gavroche, le héros des *Misérables* de Victor Hugo, est fils des héros de l'An II comme il l'est du faubourg ouvrier et de la misère.

Delacroix, dans son tableau célèbre *La Liberté guidant le peuple,* n'oublie pas de présenter sur sa barricade, un enfant armé.

Dans les guerres de libération, depuis lors, on fait souvent référence, aux jeunes héros de la Révolution française.

Les femmes de la Révolution

« *Tant que les femmes ne s'en mêlent pas il n'y a pas de révolution véritable.* »

Mirabeau

Sans doute y a-t-il eu pendant la Révolution un grand nombre de femmes pour participer aux événements et nous avons suivi les femmes de Paris allant chercher « *le boulanger, la boulangère et le petit mitron* », mais bien peu ont passé dans l'histoire.

Que sait-on réellement de Simone Évrard, la compagne de Marat, d'Éléonore Duplay, la fille du menuisier Duplay, logeur de Robespierre ? Que sait-on des femmes qui se sont déguisées en hommes pour être soldats ? Peu de choses.

Traçons quelques portraits rapides

Marie-Olympe de Gouges (1748-1793)

Veuve, elle se lance dans la bataille révolutionnaire, crée des sociétés populaires de femmes et développe des théories « féministes ».

Auteur de la « *Déclaration des droits de la femme et de la citoyenne* » (septembre 1791).

Guillotinée en 1793.

Claire Lacombe 1765- ?)

Cette comédienne est un curieux personnage historique dont on ne retrouve plus trace à partir de la fin 1795.

Elle se bat au 10 août et reçoit une *Couronne civique* pour son courage.

Elle participe avec Pauline Léon à la *Société des Femmes Révolutionnaires,* club proche des « Enragés » de Jacques Roux.

Après l'interdiction de la Société et l'exécution des « Enragés », elle est en prison de novembre 1794 à août 1795.

Puis elle disparaît de l'histoire.

A-t-elle repris sous un autre nom ses activités de comédienne ?

Louise Robert (1758-1821)

Écrivain féministe, elle participe à la *Société fraternelle des deux sexes* et écrit dans *Le Mercure National.*

Marie-Jeanne Roland (1754-1793)

Son mari était ministre, mais on la disait « plus ministre que lui » tant cette bourgeoise instruite était passionnée par les problèmes politiques.

Son salon de la rue Guénégaud à Paris était fréquenté par les Girondins.

Arrêtée avec eux, elle fut exécutée (8 novembre 1793).

Lucile Desmoulins (1771-1794)

La femme de Camille Desmoulins, dont le portrait gracieux et poétique d'amoureuse, sorte d'Ophélie de la Révolution, a été utilisé contre les adversaires de Danton et de Camille Desmoulins. Elle est guillotinée peu après son mari.

Madame TALLIEN (1773-1835)

Fille d'un financier espagnol, épouse du Marquis de Fontenay à seize ans, divorcée en 1793 à vingt ans, emprisonnée comme noble.

Liée avec Tallien, l'un des « coquins » du 9 Thermidor, elle est l'une des femmes à la mode après Thermidor.

Mais il faudrait aussi parler de la Hollandaise Etta Palm, fondatrice en 1790 de *La Société Patriotique et de Bienfaisance des Amies de la Vérité* et de beaucoup d'autres femmes du peuple.

Bien entendu la contre-révolution eut aussi ses femmes célèbres comme Charlotte Corday qui assassina Marat ; on s'efforça de défigurer l'image des femmes du peuple participant à la Révolution pour les montrer assoiffées de violence et de sang, et pleurer avec constance sur les malheurs de la Princesse de Lamballe ou de Marie-Antoinette. Les lamentations durent toujours.

Danton

Parmi toutes les figures de la Révolution, Danton est certainement l'un de ceux qui a, pendant longtemps, été le plus populaire grâce à son éloquence, son goût de la vie et des plaisirs, et grâce à son destin aussi. Victime de Robespierre et de Marat, il représentait pour les vainqueurs de Thermidor une sorte de révolutionnaire malheureux dont l'éxécution avait laissé le champ libre aux terroristes.

C'est vrai que Danton est un personnage assez extraordinaire. Né à Arcis-sur-Aube en 1759, il fait des études d'avocat et il exerce jusqu'en 1791.

Il fonde *Le Club des Cordeliers* qui prend parti pour la révolution populaire, et son talent d'orateur en fait à la fois une idole des Parisiens et un des grands personnages de l'Assemblée. On le trouve dans la préparation du 10 août 1792 et de la chute de la royauté. Ministre, il s'occupe de la justice mais aussi de la guerre. Il aide à la défaite des Girondins, mais ni Marat, ni Robespierre ne l'attirent. Il y a entre cet amoureux des plaisirs de la vie et les deux autres artisans de la Révolution trop de différence.

Le courage personnel de Danton est sans doute égal à celui des autres personnages de la Révolution mais, pour lui, la Révolution est faite et elle doit cesser de poursuivre la Terreur. C'est un peu ce que diront après lui les coquins de Thermidor, mais sans son talent ni sa prestance.

La campagne qu'il mène avec Camille Desmoulins contre la Terreur, contre le Comité de Salut Public, les conduit tous les deux à l'échafaud le 12 avril 1794.

Danton parle

« Le tocsin qu'on va sonner n'est point un signal d'alarme, c'est la charge sur les ennemis de la patrie. Pour les vaincre il nous faut de l'audace, encore de l'audace, toujours de l'audace et la France est sauvée ! »

*

« C'est dans les écoles publiques que l'enfant doit sucer le lait républicain. »

La Fayette

« *Et vive le général La Fayette !...* »

C'est le cri que Victor Hugo fait lancer à Gavroche en 1830 dans *Les Misérables.*

Ce personnage a sans doute eu la vie la plus extraordinaire de son temps.

Marie-Joseph Motier, marquis de La Fayette, naît en 1757. Il meurt à Paris en 1834 — dans son lit ! — sans avoir cessé d'être général.

Noble et fréquentant la cour de Louis XVI, La Fayette s'engage dans la jeune révolution américaine, le voilà à la tête des troupes françaises, ami de Washington et très intéressé par ce qu'il voit là-bas. Il revient en France pour se faire élire aux États généraux par la noblesse auvergnate. Il se fait remarquer par ses idées libérales et prend après le 14 juillet le commandement de la garde nationale. Il accueille le roi à Paris, lui propose la cocarde tricolore et... devient très populaire, jusqu'en septembre 1791 où il commande la garde lors de la fusillade du Champ-de-Mars et perd toute popularité chez les sans-culottes.

Commandant de l'armée du centre après le 10 août, il veut délivrer le roi. Menacé d'être arrêté, il se rend aux Prussiens. Mais les émigrés ne lui ont pas pardonné ce qu'ils jugent comme une trahison, il est emprisonné et ne rentre en France qu'après le coup d'état de Bonaparte. Il s'oppose à l'Empire jusqu'à l'exil de Napoléon à l'Ile d'Elbe, puis se rallie à lui après les Cent jours. A la Restauration, il est mal vu par la cour et devient une sorte de drapeau des libéraux.

En 1830, il aide les banquiers amis du duc d'Orléans à le faire roi sous le nom de Louis-Philippe, mais il est écarté du pouvoir.

Ses funérailles sont l'occasion de manifestations ; il restait très populaire, ce qui explique le cri de Gavroche.

Marat

Si Robespierre fait encore peur, Marat se promène dans l'histoire avec une haine tenace attachée à sa personne et à ses idées.

> « *Mettez-le au Panthéon, ou jetez-le à l'égout, qu'importe, il renaît le lendemain ! Il renaît dans l'homme qui n'a pas de travail, dans la femme qui n'a pas de pain, dans la fille qui se prostitue, dans l'enfant qui n'apprend pas à lire ; il renaît dans les greniers de Rouen, il renaît dans les caves de Lille ; il renaît dans le grenier sans feu, dans le grabat sans couverture, dans le chômage, dans le prolétariat, dans le lupanar, dans le bagne, dans vos codes qui sont sans pitié, dans vos écoles sans horizon, et il se reforme de tout ce qui est ignorance, et il se recompose de tout ce qui est la nuit...* »
>
> Victor Hugo

Quand il écrit ce texte, Victor Hugo reprend l'image de Marat de son temps, mais il en profite pour essayer de faire comprendre pourquoi la Révolution devient inévitable quand la vie des hommes et des femmes est insupportable. C'est beaucoup plus la Révolution avec ses difficultés, ses cruautés qui est expliquée là. Alors pourquoi Marat ?

Parce que Marat a certainement été le porte-parole de la Révolution des misérables face à la Révolution des bourgeois.

Jean-Paul Marat est né en 1743 en Suisse, où son grand-père, protestant, a dû se réfugier.

Il quitte sa famille à seize ans, devient précepteur à Bordeaux. Il lit les philosophes, admire Montesquieu et Rousseau. Le voilà à Londres où il va rester de longues années. Il y participe à la vie politique et prend conscience de l'importance des journaux dans les îles britanniques. Il voit aussi en Angleterre une nouvelle catégorie sociale, pauvre, misérable, devenir de plus en plus nombreuse : les ouvriers des usines, des mines, des manufactures. De retour en France, le premier, il comprend l'entrée de ces gueux dans la lutte politique.

C'est en Angleterre qu'il devient (1775) docteur en médecine. Il exerce dès son retour à Paris, médecin assez renommé, fréquentant la bonne société.

Puis il fait des recherches sur divers sujets scientifiques et il a des démêlés avec l'Académie des sciences. Il souffre alors de graves ennuis de santé.

C'est avec la réunion des états généraux et les événements qui vont conduire à la prise de la Bastille que Marat devient l'homme de la Révolution.

Son arme, c'est la plume, celle du journaliste. Son journal, *L'Ami du Peuple,* devient le moyen de faire passer dans le peuple les idées qui lui sont chères.

L'Ami du Peuple est-il un grand journal ? Si on calcule au nombre des exemplaires imprimés, à peine 2000, ce n'est certainement pas le cas. Et cependant on s'arrache les numéros, beaucoup d'hommes et de femmes du peuple ne savent pas lire et la lecture à haute voix, dans la rue, au café ou à l'atelier multiplie le nombre des personnes atteintes par la voix de Marat. Appelé d'abord *Le*

Publiciste parisien, le journal de Marat devient dès le n° 6 du 16 septembre 1789 *L'Ami du Peuple.*

Marat va sortir près de 1000 numéros en moins de quatre ans. S'il a ses informateurs, il rédige tout lui-même, interrompt le journal quand la police le traque, en publie deux numéros le même jour en cas d'urgence.

Ce n'est pas un homme de « nouvelles » et il ne faut pas compter sur lui pour parler des « faits divers » ou des « chiens écrasés ». Marat n'a qu'un but : la Révolution, sa victoire pour le peuple, le bas-peuple. Il n'a aucune confiance dans les aristocrates ou dans les bourgeois.

Il publie des lettres de lecteurs, attaque les injustices, donne la parole aux gens du peuple, lance de terribles menaces contre la corruption.

C'est lui qui va appeler aux armes après les incidents de Versailles et contribuer à jeter les femmes sur la route de Versailles au début d'octobre 1789.

Mais il se méfie de la cour et du roi, il est un des rares à voir que la nuit du 4 août et la fête de la fédération ne sont pas de vraies « révolutions ». Il dénonce Mirabeau et après Varennes on reconnaît enfin qu'il avait raison, aussi bien en attaquant Mirabeau qu'en annonçant la fuite du roi. Il prend la défense des esclaves noirs des colonies, réclame le droit de vote pour tous. Malgré les emprisonnements, la haine qui l'entoure, il poursuit son action inlassable pour défendre la Révolution contre ses ennemis. Il appelle le peuple à l'action et l'histoire lui fera porter la responsabilité des massacres de septembre. Ce qui n'est pas prouvé.

Marat admire Robespierre, mais celui-ci lui reproche la violence de son action, sa volonté de donner la parole et le pouvoir aux pauvres.

C'est sans doute à Marat que l'on doit la véritable mobilisation des patriotes pauvres qui fera le succès du 10 août 1792. Cette victoire est vraiment celle des

Marat parle

« Où est la patrie de ceux qui n'ont aucune propriété, qui ne peuvent prétendre à aucun emploi, qui ne tirent aucun avantage du pacte social ? »

*

« C'est le comble de la folie, de prétendre que des hommes en possession depuis dix siècles de nous gourmander, de nous piller, de nous opprimer impunément, se résoudront de bonne grâce à n'être que nos égaux ! »

juillet 1790

*

« Connaissez une fois le prix de la liberté, connaissez une fois le prix d'un instant... »

février 1789

pauvres, cette deuxième Révolution souhaitée par Marat.

Élu à la Convention il subit les attaques des Girondins et transforme son journal qui devient *Le Journal de la République française.* Très vite il trouve encore devant lui les Girondins qui ne veulent pas de la révolution populaire et l'accusent de vouloir le partage des terres et la dictature. La guerre entre Marat et la Gironde se termine par la mort des Girondins.

Marat sort de ce combat épuisé, malade, sa compagne Simone Évrard le soigne. Obligé de traiter une maladie de peau, il reste de longues heures dans sa baignoire, sans cesser d'écrire, de recevoir des visites.

Le 13 juillet 1793, Charlotte Corday, venue tout exprès de Normandie pour venger les Girondins, poignarde Marat.

Son court passage au Panthéon se termine à l'égout et toute la haine de la contre-révolution va s'acharner contre sa mémoire, les héritiers de la Révolution eux-mêmes seront toujours prudents avec ce grand fantôme qui effraie les honnêtes gens...

Raspail reprendra le titre *L'Ami du Peuple* en 1848. Certains révolutionnaires comme Blanqui, des Communards, des Bolcheviks russes lui rendront hommage. Après 1917, le croiseur *Marat* sera l'un des premiers navires de la jeune révolution soviétique.

Peut-être est-il temps, 200 ans après la Révolution, de relire Marat et de lui donner enfin sa place, l'une des premières, dans le mouvement des idées révolutionnaires.

Mirabeau

« Allez dire à votre maître que nous sommes ici par la volonté du peuple et que nous n'en sortirons que par la force des baïonnnettes ! »

C'est tout Mirabeau, même si, sans doute, il ne l'a pas dit ainsi.

Honoré-Gabriel Riquetti (1749-1791), comte de Mirabeau, a quarante ans quand la Révolution éclate.

Noble, il a subi l'oppression d'un père qui le fait emprisonner pendant trois ans à la Bastille (1777-1780), avant de le laisser sans un sou. Il vit comme il peut, parle et écrit beaucoup. Noble, il est élu député du tiers état à Aix-en-Provence et joue un rôle important à Versailles, puis après le retour du roi, à Paris.

Sans doute souhaitait-il une monarchie à l'anglaise, un roi constitutionnel. Il aimait trop la vie, le luxe, la fête pour ne pas avoir toujours besoin d'argent et... devenir sensible à certaines libéralités.

Sa mort naturelle en 1791, fait rare pour les révolutionnaires, le sauve sans doute de la prison, quand sont connues, après la fuite du roi, ses relations avec la cour. Mais ses cendres furent retirées du Panthéon où il avait été inhumé en grande pompe.

Il demeure l'une des figures importantes de la Révolution commençante.

Robespierre

« Je vous laisse ma mémoire, elle vous sera chère et vous la défendrez. »

Robespierre, 9 Thermidor

Dans la mémoire des Français, Robespierre a sans doute une place très particulière.

On pourrait presque dire de lui ce que la tradition prête à Henri III devant le cadavre du duc de Guise qu'il vient de faire assassiner :

« *Il est encore plus grand, mort que vivant !* »

Comment un homme peut-il en cinq années devenir une image à la fois aussi positive et aussi redoutable suivant l'interlocuteur auquel vous vous adressez ?

Né à Arras en 1758, Maximilien de Robespierre a pour famille des gens de loi. Très jeune il perd sa mère et son père, sa famille maternelle s'occupe de lui.

Bientôt, il se fait remarquer dans ses études et obtient en 1769 une bourse pour le collège Louis-le-Grand à Paris. Ce qui lui vaudra, dit-on, de débiter le compliment à Louis XVI et à sa jeune épouse revenant de se faire sacrer à Reims en 1775.

Avocat en 1781, il participe à la vie d'Arras et de sa région, plaide quelques affaires, écrit des vers qui reçoivent un prix, et des études sur divers sujets. Il est élu député du tiers état.

Aux États généraux, il défend la constitution en la voulant la plus démocratique possible. Le Club des

Jacobins est sa tribune préférée, surtout quand la Constituante se sépare. Il cesse d'être député puisque, comme il l'a lui-même proposé, c'est le sort de tous les députés aux États généraux de ne pouvoir être élu à l'Assemblée Législative.

On connaît de lui son opposition à la peine de mort, à la guerre, à la politique de la cour, se définissant lui-même ainsi quand il s'oppose aux Girondins :

« *Les Girondins sont les honnêtes gens, les gens comme il faut de la République, nous sommes les sans-culottes et la canaille !* »

Il admirait l'œuvre de Rousseau qu'il semble avoir rencontré à la fin de la vie du philosophe (mort en 1778).

Quand la Révolution s'enfle du souffle populaire de la prise de la Bastille et des journées d'octobre, Robespierre sent gronder le vent d'une nouvelle histoire ; il poursuivra jusqu'au bout ses idées.

Déjà, après le 10 août 1792, il se rallie à la République avec enthousiasme et souhaite l'introduction du suffrage universel, comme il prend à chaque occasion position contre l'esclavage ou l'inégalité raciale et sociale.

Premier député de Paris à la Convention, il siège avec la Montagne et s'appuie sur le Club des Jacobins, à Paris et dans toute la France. Il croit à la nécessité d'un gouvernement révolutionnaire, soutenu par le peuple et les bourgeois, et en trouve le moyen avec le Comité de Salut Public.

S'il soutient la Terreur, il en connaît les limites et en mesure les risques, s'efforçant de se garder des excès d'indulgence quand il élimine Danton ou des excès terroristes quand il prend parti contre les enragés.

Comme Rousseau, Robespierre s'efforce de maintenir une croyance en un Dieu qui se confond avec la nature, il refuse la déchristianisation et ses excès, organise le culte de l'Être Suprême.

Sa vie simple, son refus du luxe, une certaine sévérité l'opposent à des hommes comme Mirabeau ou Danton et encore plus à ces « brigands » qu'il dénonce avec force et qui auront raison de lui.

Le 9 Thermidor, il hésite à se lancer dans une lutte ouverte contre la Convention, essaie de se suicider et se blesse gravement. Il est guillotiné le 28 juillet 1794.

Son souvenir reste très vivace dans tout le mouvement républicain au XIXe siècle, dans tous les partis révolutionnaires. Les classes dirigeantes continuent à en avoir peur et pendant longtemps il n'a eu aucune des marques de souvenir (noms de rues, statues, etc.).

> « *Je ne connais que deux partis, celui des bons et celui des mauvais citoyens ; le patriotisme n'est point une affaire de parti, mais une affaire de cœur (...). Je sens que partout où l'on rencontre un homme de bien, en quelque lieu qu'il soit assis, il faut lui tendre la main et le serrer contre son cœur (...). Je vois le monde peuplé de dupes et de fripons ; mais le nombre de fripons est le plus petit : ce sont eux qu'il faut punir des crimes et des malheurs du monde.* »
>
> Robespierre,
> *Discours du 8 Thermidor*

Saint-Just

Dans tout le mouvement républicain, et plus tard dans le mouvement révolutionnaire. Saint-Just apparaît comme « *l'archange de la Révolution* », une sorte de saint révolutionnaire, modèle incontesté du révolutionnaire mort à vingt-sept ans pour la fidélité à son idéal.

Ce juriste entre dans la Révolution comme on entre en religion.

Quand il écrit « *Le bonheur est une idée neuve en Europe* », il a bien l'intention d'aider ses contemporains à en découvrir les nouveaux chemins. Car il veut travailler au bonheur des hommes.

Dès 1791, il publie *L'Esprit de la Révolution,* texte qui montre un sens du style et du portrait qu'on retrouve dans ses discours.

Vois comme il décrit Louis XVI :

> « Louis régnait en homme privé ; dur et frugal pour lui seul, brusque et faible avec les autres, parce qu'il pensait le bien il croyait le faire, il mettait de l'héroïsme aux petites choses, de la mollesse aux grandes. »

Ce qui n'empêche pas son discours réclamant la mort du roi sans sursis, après la fuite de Varenne.

Il a des formules saisissantes :

« *Les hommes qui travaillent se respectent.* »

« *Tous les crimes sont venus de la tyrannie, qui fut le premier de tous.* »

Saint-Just parle

De la nature de la liberté :

« *La nature de la liberté est qu'elle résiste à la conquête et à l'oppression ; conséquemment elle doit être passive. La France l'a bien senti ; la liberté qui conquiert doit se corrompre : j'ai tout dit.* »

L Esprit de la Révolution

*

Du principe de l'égalité :

« *L'esprit de l'égalité n'est point que l'homme puisse dire à l'homme : je suis aussi puissant que toi. Il n'y a point de puissance légitime ; ni les lois ni Dieu même ne sont des puissances, mais seulement la théorie de ce qui est bien. L'esprit de l'égalité est que chaque individu soit une portion égale de la souveraineté, c'est-à-dire tout.* »

L'Esprit de la Révolution

*

« *On me demandera si je pense sérieusement que la Constitution de France, telle qu'elle est, soit la volonté de tous ; je réponds catégoriquement que non ; parce qu'il est impossible que quand un peuple passe un contrat nouveau, alors que le premier est perdu et souillé, les fripons et les malheureux ne forment deux partis ; mais ce serait un étrange abus de la terre, que de prendre la résistance de quelques scélérats pour une part de la volonté.* »

L'Esprit de la Révolution

Mais le théoricien de la Révolution, c'est aussi le Conventionnel, le compagnon de Robespierre, le membre du Comité de Salut Public, le représentant en mission et l'un des vainqueurs de Fleurus, refusant de signaler sa participation à la victoire.

Il est guillotiné avec Robespierre le 10 Thermidor.

« *Votre liberté aura passé comme un orage et son triomphe comme un coup de tonnerre.* »

Saint-Just, 29 novembre 1792

Citoyens !

Citoyen, citoyenne, lecteurs, nous voilà au terme de notre route dans ce livre.

Au long de ces pages j'ai déroulé l'histoire de la Révolution, un peu comme les vieux sans-culottes parlant à leurs enfants, puis à leurs petits-enfants, pendant tout le XIXe siècle.

Les veillées d'autrefois, tes livres en parlent souvent, elles ne se passaient pas toutes à dire des contes de fées, de sorcières ou de loups-garous.

Quand on raconte ainsi les histoires et les légendes nourries de la vie des hommes c'est pour essayer de faire comprendre le passé, mais surtout, pour dire : « ouvre les yeux, le monde change autour de toi, demain ce sera ton tour de faire revivre aussi un nouvel épisode de la grande aventure des hommes, comme tu l'as vécu ou comme tu l'as senti ».

Il y a toujours un peu des idées et des amours du conteur dans les fables qu'il raconte. Moi aussi, j'ai mis les miennes dans mon histoire, dans notre histoire commune.

C'était pour mieux te la faire aimer et, peut-être, te donner l'envie d'aider à poursuivre le grand effort vers plus de justice, plus de liberté pour tous les hommes.

A bientôt.

La Révolution au jour le jour

LES FAITS EN FRANCE	SCIENCES ET TECHNIQ
1788	
21 juillet : Assemblée de Vizille, premier exemple d'assemblée provinciale. **8 août :** Convocation des États généraux. **25 août :** Necker aux Finances.	Monge, *Traité de statistique.*
1789	
24 janvier : Règlement électoral des États généraux.	
Février à avril : Rédaction des Cahiers de doléances.	Lavoisier, *Traité de chimie.*
Mars : Émeutes en Provence et Picardie. **27 avril :** Émeutes au Faubourg Saint-Antoine.	Berthollet, Procédé de blanc ment des toiles par le chlo
5 mai : Ouverture des États généraux. **17 mai :** Les députés se proclament *Assemblée nationale.* **20 juin :** Serment du Jeu de Paume. **23 juin :** Refus du tiers état de se séparer. **9 juillet :** L'Assemblée se proclame *Assemblée constituante.* **11 juillet :** Renvoi de Necker. **12 juillet :** Émeutes à Paris. **13 juillet :** Création d'une milice bourgeoise et d'un Comité à l'Hôtel de Ville. **14 juillet :** Prise de la Bastille. **15 juillet :** Création de la Commune de Paris. **17 juillet :** Louis XVI reçoit la cocarde tricolore. – Émigration du comte d'Artois. **20 juillet :** La Grande Peur. **4 août :** Abolition des privilèges. **26 août :** Vote de *La Déclaration des Droits de l'Homme.* **11 septembre :** Veto royal suspensif. **5 octobre :** Banquet de Versailles. **5-6 octobre :** Le roi ramené à Paris. **12 octobre :** L'Assemblée constituante s'installe à Paris.	

ARTS ET LETTRES	HISTOIRE À L'ÉTRANGER
1788	
herubini, *Iphigénie en Aulide* (Opéra).	
1789	
arie-Joseph Chénier, *Charles IX* (Tragédie républicaine).	
avid, *Le Serment du Jeu de Paume*.	

LES FAITS EN FRANCE	SCIENCES ET TECHNIQU
2 novembre : Nationalisation des biens du Clergé.	
14 décembre : Création des assignats.	
1790	
Janvier : Soulèvements paysans en Bretagne, au Périgord.	
13 février : Interdiction des vœux perpétuels pour les moines et les religieuses.	
avril à juin : Soulèvements royalistes, à Nîmes, à Montauban.	17 avril : L'assignat devient u monnaie.
Juin : Soulèvement d'Avignon contre le pape.	
12 juillet : Constitution civile du Clergé.	
14 juillet : Fête de la Fédération.	
27 novembre : Serment *A la Nation, à la Loi, au Roi* pour les fonctionnaires.	
1791	
3 janvier : Serment des prêtres à la Constitution civile du Clergé.	
28 février : Conspiration anti-révolutionnaire des *Chevaliers du poignard*.	Installation à Sedan de laminoi pour la fabrication de tôles fer et de plaques d'acier.
2 mars : Suppression des Corporations.	
11 mars : Le pape condamne la Constitution Civile du Clergé.	
15 mai : Droits civiques aux hommes de couleur nés de parents libres.	
14 juin : Loi interdisant les grèves et les associations ouvrières.	Procédé Leblanc pour la fabric tion de la soude à partir charbon de bois et de l'aci sulfurique.
20-21 juin : Fuite du roi.	
17 juillet : Fusillade du Champ de Mars.	
4 août : Levée de volontaires.	
Septembre : Élection de l'Assemblée législative.	
14 septembre : Le roi jure fidélité à la Constitution.	
1er octobre : Réunion de l'assemblée législative.	
9 novembre : Décret contre les émigrés.	
11 novembre : Veto royal.	

ARTS ET LETTRES	HISTOIRE À L'ÉTRANGER
1790	
amfort, *Tableaux de la Révolution.* nac de Meilhan, *Des principes et des causes de la Révolution.* udon, *Diane* (Sculpture). bre d'Églantine, *Le Philinte de Molière.* isique : Gossec, Mehul, Lesueur, Cherubini. l'étranger : ethe, *Faust* (1re version). ozart, *Cosi fan tutte.*	20 février : Mort de Joseph II, Empereur d'Autriche, frère de Marie-Antoinette. Léopold II, empereur. 20 août : L'Assemblée rompt le pacte avec l'Espagne.
1791	
de, *Justine.* llin d'Harleville, *le Baron de Crac.* juin : Voltaire au Panthéon. 'étranger : septembre : Mozart, *La Flûte enchantée* à Vienne (Autriche). *Requiem.* ydn, *Orphée et Eurydice.*	22 août : Soulèvement des esclaves à Saint-Domingue. 27 août : Déclaration de Pillnitz entre Léopold II et Frédéric Guillaume II de Prusse. 12 septembre : Avignon devient français. 23 octobre : Droits politiques aux esclaves de Saint-Domingue.

LES FAITS EN FRANCE	SCIENCES ET TECHNIQ
29 novembre : Décret contre les prêtres réfractaires. **Décembre :** Ultimatum de Louis XVI pour la dispersion des émigrés.	

1792

23 janvier : Émeute du sucre à Paris. **15 mars :** Ministère girondin. **Mai :** Lutte contre les trafiquants de denrées alimentaires. **27 mai :** Décret de déportation contre les prêtres réfractaires. **29 mai :** Licenciement de la garde du roi. **11 juin :** Veto royal. **20 juin :** Le peuple envahit les Tuileries. **11 juillet :** La Patrie en danger. **17 juillet :** Les Fédérés à Paris contre le roi. **10 août :** Prise des Tuileries. – Déchéance du roi. – Convocation d'une Convention Nationale. **17 août :** Création d'un tribunal extraordinaire. **22 août :** Émeutes royalistes : Vendée, Bretagne, Dauphiné. **26 août :** Loi expulsant les prêtres réfractaires. **28 août :** Restitution des biens communaux. **2/6 septembre :** Massacres dans les prisons. **20 septembre :** Réunion de la Convention. – État-civil n'est plus tenu par les Prêtres. – Divorce autorisé. **21 septembre :** Ire République. **20 novembre :** Découverte de « L'Armoire de Fer » aux Tuileries. **11 décembre :** Procès du roi (début).	

1793

16-17 janvier : Procès du roi : prononcé de la peine. **10-20 janvier :** Procès du roi : question du sursis d'exécution. **20 janvier :** Assassinat de Le Peletier de Saint-Fargeau par un royaliste.	

ARTS ET LETTRES	HISTOIRE À L'ÉTRANGER
décembre : Mort de Mozart.	14 décembre : Léopold II renouvelle la déclaration de Pillnitz.
1792	
eaumarchais, *La Mère coupable.* irabeau, *Lettres à Sophie.* ndré Chénier, *Les Bucoliques* (publié en 1819). avril : Rouget de Lisle, *La Marseillaise.* arat, *Les chaînes de l'esclavage* (trad. de l'anglais).	6 janvier : L'Électeur de Trèves disperse les émigrés. 1er mars : Mort de Léopold II, François II lui succède. Mars-avril : Insurrection des esclaves à Saint-Domingue. – Décret accordant l'égalité politique aux esclaves de Saint-Domingue. 20 avril : Déclaration de guerre au roi de Bohème et de Hongrie. 16 mai : Pourparlers de La Fayette avec les Autrichiens. 25 juillet : Manifeste de Brunswick. Septembre : Capitulation de Verdun. – Victoire de Valmy. – Occupation de la Savoie et de Nice. 6 novembre : Victoire de Jemmapes. – Occupation de la Belgique. 27 novembre : Réunion de la Sarre à la France.
1793	
armontel, *Nouveaux Contes moraux.* ndré Chénier, *La jeune captive.*	23 janvier : Second partage de la Pologne. 31 janvier : Nice rattaché à la France.

LES FAITS EN FRANCE	SCIENCES ET TECHNIQ
21 janvier : Exécution de Louis XVI.	
21 février : Loi de l'amalgame entre l'armée et les volontaires.	Institution du Système métriq Fondation du muséum d'Histo Naturelle.
24 février : Levée de 300 000 hommes.	
25-27 février : Émeutes et pillages pour la taxation des produits.	
10 mars : Création du Tribunal Révolutionnaire. – Début de la révolte de Vendée.	
21 mars : Création des Comités de Surveillance.	
6 avril : Création du Comité de Salut Public.	Chappe et le Télégraphe o que.
15 avril : Les Sections parisiennes contre les Girondins.	Invention de la machine à ég ner le coton (Whiteney).
29 avril : Insurrection à Marseille.	
4 mai : Loi du Maximum pour le grain et les farines.	
29 mai : Insurrection à Lyon.	
31 mai-2 juin : Les sections de Paris se soulèvent contre les Girondins. Vingt-neuf Girondins arrêtés.	
7 juin : Rébellion à Bordeaux et en Normandie.	
24 juin : Vote de la Constitution de l'An I.	
26-28 juin : Troubles à Paris (manque de savon).	
10 juillet : Danton n'est pas réélu au Comité de Salut Public.	
12 juillet : Soulèvement royaliste à Toulouse.	
13 juillet : Assassinat de Marat.	Machine à peigner la lai (Wright).
27 juillet : Robespierre élu au Comité de Salut Public.	
27 août	Les royalistes livrent Toul aux Anglais.
4-5 septembre : La Convention met la Terreur à l'ordre du jour.	
17 septembre : Loi sur les suspects.	
29 septembre : Blocage des prix et des salaires.	5 octobre : Calendrier Révo tionnaire.
10 octobre : « *Le Gouvernement sera révolutionnaire jusqu'à la Paix.* »	
16 octobre : Exécution de Marie-Antoinette.	

ARTS ET LETTRES	HISTOIRE À L'ÉTRANGER
	1er février : Déclaration de guerre à l'Angleterre et la Hollande.
lvain Maréchal, *Le dernier jugement des Rois* (théâtre). ndorcet, *Esquisse d'un tableau historique des progrès de l'esprit humain.* l'étranger : asanova, *Mémoires.* oya, *Les Caprices* (1793-1798). aydn, *Stabat mater.*	7 mars : Déclaration de guerre à l'Espagne.
avid, *Marat assassiné.* novembre : *Fête de la Liberté et de la Raison.*	23 juillet : Évacuation de Mayence. 28 juillet : Perte de Valenciennes.
avid, *Marat assassiné.*	

LES FAITS EN FRANCE	SCIENCES ET TECHNIQU
30 octobre : Exécution de vingt et un Girondins. **6 décembre :** Décret sur la liberté des cultes. **19 décembre :** Reprise de Toulon par Hoche. **26 décembre :** Hoche libère Strasbourg et Landau.	
1794	
12 janvier : Affaire de la compagnie des Indes. **1er février :** Crédit de 10 millions pour les indigents. **4 février :** Abolition de l'esclavage dans les colonies. **10 février :** Suicide de Jacques Roux.	Invention du cubilot (de fusions de la fonte). Premier système de constructi en série aux États-Un d'Amérique.
26 février-3 mars : Décrets de Ventôse (Saint-Just). **4 mars :** Les chefs des Cordeliers en « insurrection ». **24 mars :** Exécution des chefs Cordeliers (Hébert, etc.). **5 avril :** Exécution des Indulgents (Danton, Desmoulins, etc.). **11 mai :** Culte de l'Être Suprême. **23 mai :** Tentative d'assassinat de Robespierre.	Création du conservatoire d Arts et Métiers. Mars : ouverture du muséu d'Histoire naturelle.
10 juin : Début de la Grande Terreur. **26 juillet :** Robespierre dénonce les affairistes. **27 juillet (9 Thermidor) :** Arrestation de Robespierre et de ses amis. – Échec de l'insurrection de la Commune. **28 juillet (10 Thermidor) :** Exécution de Robespierre et de cent quatre robespierristes. **Début sept. :** Chasse aux Jacobins et aux Sans-culottes. **18 septembre :** Séparation de l'Église et de l'État. **19 novembre :** Fermeture du Club des Jacobins. **24 décembre :** Retour à la liberté des prix.	Rôle des aérostiers militaires Fleurus.

ARTS ET LETTRES	HISTOIRE À L'ÉTRANGER
novembre : *Fête de la Liberté et de la Raison.*	
1794	
Français langue obligatoire des actes publics. an-Jacques Rousseau au Panthéon.	4 février : Toussaint Louverture rallie la Révolution.
juin : fête de l'Être Suprême.	
juillet : *Le Chant du Départ* (Méhul, M. J. Chénier). éation de l'École normale supérieure. avier de Maistre, *Voyage autour de ma chambre.* estif de la Bretonne, *Monsieur Nicolas.* bbé Grégoire, *Rapport sur la langue française.* esueur, *Paul et Virginie* (Opéra d'après l'œuvre de Bernardin de Saint-Pierre). l'étranger : oya, *la Maison des fous.*	21 juin : Paoli offre la Corse aux Anglais. 26 juin : Victoire de Fleurus. 8 juillet : L'armée française en Belgique. 27 juillet : L'armée française en Hollande.

LES FAITS EN FRANCE	SCIENCES ET TECHNIQU
1795	
8 février : Marat retiré du Panthéon. **2 mars :** Arrestation des Jacobins. **8 mars :** Rappel des Girondins proscrits. **20 mai :** Échec d'insurrection à Paris. – Le Faubourg Saint-Antoine désarmé. – Arrestation des militants des sections. **23 septembre :** Proclamation de la Constitution de l'An III. **5 octobre :** Échec de l'insurrection royaliste à Paris. **21 octobre :** Élection du Corps Législatif. **31 octobre :** Élection du Directoire. **16 novembre :** Création du *Club du Panthéon.* **10 décembre :** Vote de l'Emprunt forcé.	Fondation de l'école Polytech que. Premier pont en fer sur la Sev (Écosse). Tour à fileter. Machine à fabriquer les cl (Perkins). Étirage de la fibre de lin p peignage.
1796	
19 février : Fin des assignats. **18 mars :** Le *Mandat territorial,* nouvelle monnaie papier. **29 mars :** Exécution du chef vendéen Charette. **30 mars :** Babeuf crée *Les Égaux.* **10 mai :** Arrestation de Babeuf.	Brevet de presse hydrauliq (Bramah). Métiers à tisser mécanique bois (Austin).
1797	
4 février : Retour à la monnaie métallique. **Mars :** Élections à forte poussée royaliste. **26 mai :** Exécution de Babeuf. **4 septembre :** Coup d'État du Directoire qui casse les élections. **30 septembre :** Banqueroute des deux tiers.	*Mémoires de physique* Lamarck. Perfectionnement des machine Tour, ouvreuses mécaniqu des balles de coton. Premières utilisations des pc tres en fonte.

ARTS ET LETTRES	HISTOIRE À L'ÉTRANGER
1795	
ıdation du Conservatoire national de Musique. ı sur l'enseignement (Lakanal). le, *la Philosophie dans le boudoir.* ɔeuf, *Le Tribun du peuple.* dame de Staël, *Essai sur les fictions.* 'étranger : ethe, *Élégies romaines.* ya, *La duchesse d'Albe.* vis, *Le Moine.*	15 juillet : Émigrés et Anglais repoussés à Quiberon. 22 juillet : L'Espagne cède Saint-Domingue à la France. 1er octobre : Annexion de la Belgique.
1796	
lerot, 1re édition de *Jacques le Fataliste.* eph de Maistre, *Considérations sur la France.* dame de Staël, *De l'influence des passions.* bert Robert, *Ruine de la Grande Galerie du Louvre.* 'étranger : ethe, *Les années d'apprentissage de Wilhelm Meister.*	2 mars : Bonaparte à l'armée d'Italie. 10 mai : Victoire de Lodi. 14 mai : Entrée à Milan. 15 mai-16 octobre : Traité de Paris entre la France et le royaume de Piémont. 7 novembre : Création de la République Cisalpine. – Arcole (Bonaparte).
1797	
ıteaubriand, *Essai sur les Révolutions.* le, *La nouvelle Justine.* hul, *Le jeune Henri* (Opéra). ːrubini, *Médée* (Opéra).	16 janvier : Victoire de Rivoli. 19 février-9 juillet : Le pape abandonne Avignon et le comté Venaissin. 17 octobre : Fondation de la République Cisalpine. – Paix de Campo-Formio entre la France et l'Autriche.

LES FAITS EN FRANCE	SCIENCES ET TECHNIQU
1798	
9-18 avril : Élections de l'An VI à forte poussée jacobine. **11 mai :** Coup d'État du Directoire qui casse les élections. **5 septembre :** Organisation de la conscription militaire.	Pinel publie ses études sur maladies mentales. Septembre-Octobre : Premiè exposition industrielle Champ de Mars. Train de laminoirs continu (b vet). Première installation d'éclaira au gaz en Angleterre.
1799	
18 juin : Les Jacobins reprennent l'offensive. **28 juin :** Emprunt forcé sur les riches. **6 juillet :** Ouverture du *Club du Manège* (Jacobin). **16 octobre :** Arrivée de Bonaparte à Paris. **10 novembre (18 Brumaire) :** Coup d'État de Bonaparte.	Monge, *Traité de géométrie d criptive.* Brevet de la première scie circ laire. Inventions pour améliorer fabrication des horloges et c montres. Blanchiement au chlore des sus facilité. Brevet de Philippe Lebon po l'éclairage au gaz de houille Bichat, Recherches physiolo ques sur la vie et la mort.

ARTS ET LETTRES	HISTOIRE À L'ÉTRANGER
1798	
avid, *Bonaparte.* ros, *Le Pont d'Arcole.* l'étranger : aydn, *La Création du monde.* eethoven, *Sonate « la Pathétique ».*	22 janvier : Fondation de la République Batave. 28 janvier : Mulhouse à la France. 5 février-8 février : Fondation de la République Romaine. Mai-juillet : Fondation de la République Helvétique. – Campagne d'Égypte (Bonaparte). 1er août : Défaite navale d'Aboukir. 9 décembre : Occupation du Piémont par l'armée française.
1799	
Harpe, *Cours de littérature.* ateaubriand, *le Génie du christianisme.* nancour, *Rêveries.* avid, *L'enlèvement des Sabines.*	23 janvier : Fondation de la République de Naples. 10 avril : Le Pape ramené en France. 15 août : Perte de l'Italie. 22 août : Bonaparte abandonne son armée en Égypte. 27 août : Débarquement anglo-hollandais en Hollande (échec).

TABLE DES MATIÈRES

DES IDÉES POUR AUJOURD'HUI ET POUR DEMAIN

DES HOMMES, DES FEMMES ET DES ENFANTS

Œuvres de Raoul Dubois

Au soleil de 36 (Messidor - La Farandole).

Nous inventons le bonheur (avec Frédérique Boyer, Magnard).

La Presse enfantine française (avec Jacqueline Dubois, Meisselier, Suisse).

Les Journaux pour enfants (*id.*, Gamma).

Collection

ENFANCE HEUREUSE

dirigée par Jacques Charpentreau

Poèmes

Recueils

Marc Alyn, *L'Arche enchantée.*

Marc Alyn, *Compagnons de la Marjolaine.* Illustrations de Claude Argelier.

Luc Bérimont, *L'Esprit d'enfance.*

Alain Bosquet, *Le Cheval applaudit* (épuisé).

René Guy Cadou, *Un oiseau dans la tête.* Préface d'Hélène Cadou. Illustrations de Luce Guilbaud.

Maurice Carême, *Au clair de la lune.* Avec 18 illustrations inédites de Henri-Victor Wolvens.

Jacques Charpentreau, *Poésie en jeu.*

Jacques Charpentreau, *La Poésie dans tous ses états.*

Lucienne Desnoues, *Le Compotier.*

Pierre Gamarra, *Des mots pour une maman.* Relié ; illustrations en noir et en couleur.

Frédéric Kiesel, *Nous sommes venus prendre des nouvelles des cerises.*

Daniel Lander, *Alphabestiaire.* Illustrations de l'auteur.

Bernard Lorraine, *La Ménagerie de Noé.* Avec des illustrations.

Pierre Menanteau, *Au rendez-vous de l'arc-en-ciel.*

Jean-Luc Moreau, *L'Arbre perché.*

Catherine Paysan, *52 poèmes pour une année.*

Gisèle Prassinos, *Le Ciel et la terre se marient.*

Jean-Claude Renard, *Les Mots magiques.*

Anthologies

Poèmes de la tradition

Isabelle Jan, *Poèmes de toujours pour l'enfance et la jeunesse.*
Anthologie de la poésie française jusqu'en 1913.
40 poètes, 140 poèmes.

Jacques Charpentreau, *Poèmes d'aujourd'hui pour les enfants de maintenant.*
Anthologie de la poésie française de 1913 à nos jours.
90 poètes, 200 poèmes.
(Avec un livre de *Présentation et commentaires* pour les éducateurs.)

Jacques Charpentreau, *Poèmes pour les jeunes du temps présent.*
Anthologie de la poésie française de 1913 à nos jours.
100 poètes, 250 poèmes. Pour les adolescents.
(Avec un livre de *Présentation et commentaires* pour les éducateurs).

Pierre Ferran, *La Terre est bleue comme une orange.*
Anthologie poétique de science-fiction.
111 poètes, 150 poèmes.

Bernard Lorraine, *Le Cœur à l'ouvrage.*
Anthologie de la poésie du travail.
170 poèmes de 110 poètes de diverses époques.

Bernard Lorraine, *La Colombe et le faucon.*
Anthologie des poèmes de la guerre et de la paix.
153 poèmes de 127 poètes de diverses époques.

Anthologie de poèmes inédits

L'Almanach de la poésie.
36 poètes contemporains, 180 poèmes.

La nouvelle Guirlande de Julie.
50 poètes contemporains, 200 poèmes.

La Poésie comme elle s'écrit.
60 poètes contemporains, 233 poèmes dont 86 manuscrits reproduits.

Vingt mots pour ma ville.
16 poètes contemporains, 30 poèmes écrits à partir des mots clés choisis par les enfants de 27 villes.

Le Jardin secret des poètes.
140 poèmes et chansons manuscrits inédits de 62 poètes et compositeurs de la collection *Enfance heureuse.*
Ouvrage hors-commerce.

***

ENFANCE HEUREUSE DES PAYS DU MONDE

Bernard Lorraine, *Poèmes du Brésil.*
91 poèmes de 62 poètes brésiliens.
Illustrations d'Anne Lise Diez.

Jean-Luc Moreau, *Poèmes et chansons de Hongrie.*
73 poèmes, 48 chansons.
Illustrations d'Eva Zombory.

Jean-Luc Moreau, *Poèmes de Russie.*
97 poèmes, un conte et une pièce en vers de 33 poètes russes
Illustrations d'Anne Lise Diez.

CHANSONS

Simonne Charpentreau, *Le Livre d'or de la chanson enfantine.*
Anthologie de chansons traditionnelles et contemporaines pour les enfants.
250 chansons avec paroles, mélodies, accompagnement de piano et chiffrage guitare.

Les plus belles chansons, de Maurice Carême.
70 morceaux (mélodies, chœurs, chansons) de 29 compositeurs sur des poèmes de Maurice Carême.

Jacques Douai, *Chansons.*
89 chansons composées par Jacques Douai sur des textes de 40 auteurs ; avec paroles, mélodies, accompagnement de piano et chiffrage guitare.

Anne Sylvestre, *Fabulettes et chansons pour le mercredi.* 53 chansons pour enfants, avec paroles, mélodies, accompagnement de piano et chiffrage guitare.

***

Livres d'initiation et d'éveil

Raoul Dubois, *1789, la Révolution racontée aux enfants.*

Jean-Louis Ducamp, *Le Bonheur raconté aux enfants.*

Jean-Louis Ducamp, *Les Droits de l'homme racontés aux enfants.* Diplôme « Meilleur livre » Loisirs-Jeunes.

Jean-Louis Ducamp, *L'Amitié racontée aux enfants.*

Georges Jean, *Le Racisme raconté aux enfants.*

Denis Langlois, *L'Injustice racontée aux enfants.*

Jean l'Anselme, *L'humour raconté aux enfants.*

Jean-Luc Moreau, *La Liberté racontée aux enfants.*

***

Études et essais

Anne-H. Bustarret, *L'Enfant et les moyens d'expression sonore* (disques, cassettes, magnétophones).

Anne-H. Bustarret, *L'Oreille tendre. Pour une première éducation auditive.*

Anne-H. Bustarret, *La Mémoire enchantée. La pratique de la chanson enfantine de 1850 à nos jours.*

Jacques Charpentreau, *Enfance et poésie.*

Jacques Charpentreau, *Le Mystère en fleur (les enfants et l'apprentissage de la poésie).* Prix *Jeunes-années,* catégorie « Éducateurs ».

Annie Danancher, *L'Œil gourmand (les joies et les plaisirs de l'expression plastique).* Illustrations en noir et en couleur.

Jean Desmeuzes, *L'action culturelle à l'école.*

Marie-Thérèse Gazeau, *L'Enfant et le musée.*

Jacqueline Held, *L'Imaginaire au pouvoir (les enfants et la littérature fantastique).*

Isabelle Jan, *La littérature enfantine.*

Raymond Laubreaux, *Entre cour et jardin (Théâtre et enseignement).*

Geneviève Patte, *Laissez-les lire! (les bibliothèques pour les enfants).*

Les Livres pour les enfants, par Christiane Abbadie-Clerc, Gérard Bertrand, Catherine Bonhomme, Jacques Charpentreau, Raoul Dubois, Marion Durand, Bernard Epin, Jean Hassenforder, Isabelle Jan, Simone Lamblin, Jean Lauvaux, Véronique Lory, Geneviève Patte, Anne Pellowski, Béatrice Roland, Edwige Talibon-Lapomme, Colette Vivier.

Petite enfance heureuse

Les plus beaux poèmes de Maurice Carême.
136 poèmes. Avec des illustrations.

Simonne Charpentreau, *Mon premier livre de chansons.*
65 chansons avec paroles et musiques.

Mon premier livre de comptines.
160 comptines, dont 80 de poètes contemporains. Avec des illustrations.

Mon premier livre de devinettes.
150 poèmes et 45 dessins inédits de 67 poètes et dessinateurs contemporains.

Mon premier livre de poèmes.
120 textes de 93 poètes. Avec des illustrations.

Mon premier livre de poèmes pour rire.
200 poèmes amusants et inédits. Avec des illustrations.

Le Livre des Amusettes.
Jeux, devinettes, énigmes, comptines.
180 poèmes et dessins inédits.

Le Livre des Fêtes et des Anniversaires.
280 poèmes et dessins inédits, pour tous les amis, toute l'année.

Loup y es-tu ? (Des monstres et des chimères).
Poèmes inédits à lire et à chanter.
Un livre seul, ou avec une cassette dans un coffret
(Le livre qui chante, en co-production avec le studio SM).

Pour rêver.
Poèmes inédits à lire et à chanter.
Un livre seul, ou avec une cassette dans un coffret
(Le livre qui chante, en co-production avec le studio SM).

*
**

Papier à lettres Enfance heureuse.
Bloc de 35 feuilles, illustrées par des poèmes et des couvertures (couleur) de la collection.

Achevé d'imprimer en janvier 1989
sur presse CAMERON
dans les ateliers de la S.E.P.C.
à Saint-Amand (Cher)
pour les Éditions Ouvrières

N° d'éditeur : 4516. — N° d'impression : 157.
Précédent dépôt légal : octobre 1988.
Dépôt légal 1989, février.
Imprimé en France